平成31年度　名城大学附属高等学校　一般入学試験　問題

第１時限　　数　学　（40分）

注　　意

1　この試験は全問マークシート方式です。次の説明文を読み、間違いのないように記入しなさい。

① 解答用紙にマークをするには、ＨＢの黒鉛筆を使用しなさい。
② 監督者の指示で、解答用紙の氏名欄に漢字で名前を書き、フリガナをカタカナでつけなさい。
③ 次に、受験番号を記入し、その下の欄に、右の例にならって正確にマークしなさい。
④「開始」の指示で、解答を始めなさい。
⑤ 問題用紙は１ページから７ページまであります。
⑥ 問題は１から６まであります。解答記入欄を間違えないように、例にならって正確にマークしなさい。

⑦ 数学解答上の注意

数学については、問題文中の ア 、 イ などの □ には、特に指示のない限り、数値または符号（－）が入ります。これらを次の方法で解答記入欄にマークしなさい。

(1) ア・イ・ウ………の一つ一つは、それぞれ０から９までの数字または（－）のいずれか一つに対応します。それらをア・イ・ウ…で示された解答記入欄にマークします。

(例)　ア イ に「－４」と答えるとき

ア	●	⓪	①	②	③	④	⑤	⑥	⑦	⑧	⑨
イ	⊖	⓪	①	②	③	●	⑤	⑥	⑦	⑧	⑨

(2) 分数や無理数の形で解答が求められているときは、最も簡単な形で答えなさい。（－）の符号は分子につけ、分母につけてはいけません。

(例)　$\dfrac{\text{ウ エ}}{\text{オ}}$ に「$-\dfrac{8}{5}$」と答えるとき

ウ	●	⓪	①	②	③	④	⑤	⑥	⑦	⑧	⑨
エ	⊖	⓪	①	②	③	④	⑤	⑥	⑦	●	⑨
オ	⊖	⓪	①	②	③	④	●	⑥	⑦	⑧	⑨

(3) 定規、分度器、コンパスは使用できません。

例

氏名欄の記入例

フリガナ	メイジョウ　タロウ
氏　名	名　城　太　郎

受験番号の記入例
「10310」
の場合⇨

受験番号				
1	0	3	1	0
⓪	●	⓪	⓪	●
●	①	①	●	①
②	②	②	②	②
③	③	●	③	③
	④	④	④	④
	⑤	⑤	⑤	⑤
	⑥	⑥	⑥	⑥
	⑦	⑦	⑦	⑦
	⑧	⑧	⑧	⑧
	⑨	⑨	⑨	⑨

マーク記入の例⇨

良い例	●
悪い例	Ø　⊙　◑

⑧ 訂正するときは、プラスチック製消しゴムでていねいに消し、消しくずをシート上に残さないこと。
⑨ 所定の記入欄以外には、何も記入しないこと。
⑩ 解答用紙を汚したり折り曲げたりしないこと。
解答用紙が汚れていたり、折り目があったりしたときは、試験の監督者に申し出なさい。

2　問題の内容についての質問には応じません。
印刷の文字が不鮮明なときは、静かに手をあげ、試験の監督者に聞きなさい。

3　答案を書き終わった人は、解答用紙を裏返しにして置きなさい。

4「終了」の指示で、書くことをやめ、解答用紙と問題用紙を別々にして机の上に置きなさい。

（問題用紙は持ち帰ってください。）

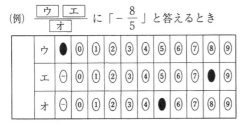

1 次の問いに答えなさい。

(1)　$-3^2 \div \left(-\dfrac{3}{2}\right)^2 - \left\{\dfrac{1}{3} - \left(\dfrac{1}{3} - 0.5\right) \div 0.25\right\} = \boxed{\text{ア}}\,\boxed{\text{イ}}$ である。

(2)　連立方程式 $\begin{cases} x : y = 1 : 2 \\ 3x - 2y = -5 \end{cases}$ を満たす y の値は，$y = \boxed{\text{ウ}}\,\boxed{\text{エ}}$ である。

(3)　$x = \sqrt{3} + 2$，$y = \sqrt{3} - 2$ のとき，$x^3y - xy^3 = \boxed{\text{オ}}\,\boxed{\text{カ}}\sqrt{\boxed{\text{キ}}}$ である。

(4)　$-\dfrac{5}{3}$ より大きく $2\sqrt{10}$ より小さい整数は $\boxed{\text{ク}}$ 個ある。

(5)　右の図のような正三角形ABCがある。点Aが辺BC上にくるように折り返し，折り目を線分DE，点Aが移った点をFとする。このとき，$\text{CE} = \dfrac{\boxed{\text{ケ}}\,\boxed{\text{コ}}}{\boxed{\text{サ}}}$ cmである。

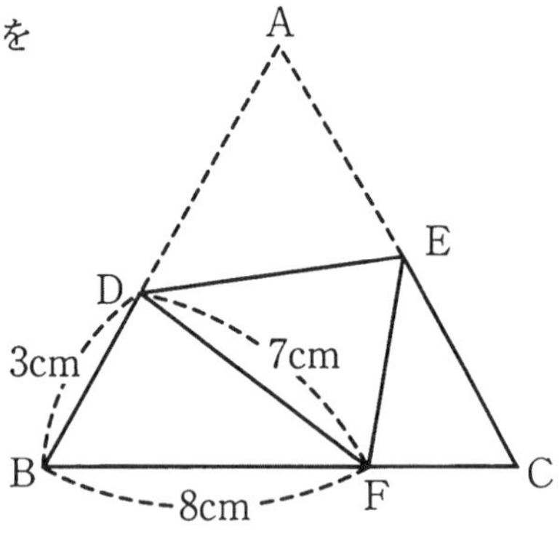

(6)　右の図のような $\text{AB} = 2\,\text{cm}$，$\text{AC} = 3\,\text{cm}$，$\angle \text{B} = 90^\circ$ の直角三角形ABCを辺ABを軸として一回転させたときにできる立体の体積は $\dfrac{\boxed{\text{シ}}\,\boxed{\text{ス}}}{\boxed{\text{セ}}}\pi\,\text{cm}^3$ である。

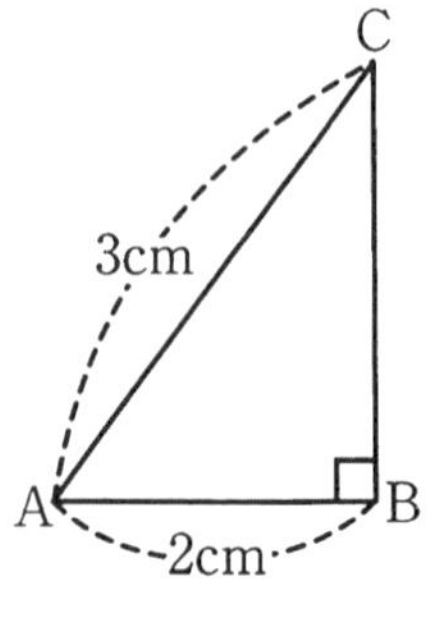

2 連続する自然数の3乗の和を考える。このとき，次の問いに答えなさい。

(1) $1^3 + 2^3 = (1 + 2)^{\boxed{ア}}$ である。

(2) $1^3 + 2^3 + 3^3 = \boxed{イ}^{\boxed{ウ}}$ である。

(3) $1^3 + 2^3 + 3^3 + \cdots\cdots + \left(\boxed{エ}\boxed{オ}\right)^3 = 3025$ である。

3 下の図において，∠COD − ∠CAD = 44°である。このとき，∠CAD + ∠AEB = $\boxed{ア}\boxed{イ}$° である。

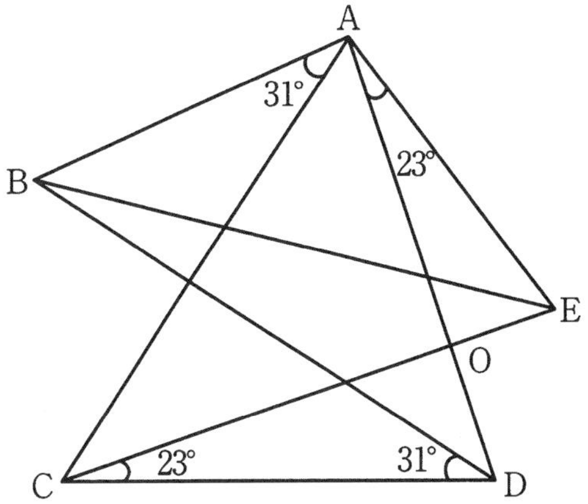

〈計　算　用　紙〉

問8 この文章は平安時代に成立した作品です。同じ時代に成立した作品の冒頭部分を、①～⑤の中から一つ選び、その番号をマークしなさい。

解答番号は **33** です。

① 祇園精舎の鐘の声、諸行無常の響きあり。沙羅双樹の花の色、盛者必衰の理をあらはす。

② 春はあけぼの。やうやう白くなりゆく山ぎは、すこしあかりて、紫だちたる雲のほそくたなびきたる。

③ つれづれなるままに、日暮らし、硯《すずり》に向かひて、心にうつりゆくよしなし事を、そこはかとなく書きつくれば、あやしうこそものぐるほしけれ。

④ 月日は百代の過客にして、行きかふ年もまた旅人なり。舟の上に生涯を浮かべ、馬の口とらへて老いを迎ふる者は、日々旅にして旅をすみかとす。

⑤ ゆく河の流れは絶えずして、しかももとの水にあらず。よどみに浮ぶうたかたは、かつ消え、かつ結びて、久しくとどまりたるためしなし。

問5　傍線部Ｄ「聞こゆる」とありますが、誰が誰に対してそうするのですか。最も適当なものを、①～⑤の中から選び、その番号をマークしなさい。

解答番号は 30 です。

① 姫君から親たちに対して
② 姫君から毛虫に対して
③ 姫君から女房たちに対して
④ 親たちから姫君に対して
⑤ 親たちから女房たちに対して

問6　傍線部Ｅ「聞こえたまへば」とありますが、この会話における親たちの心情として最も適切なものを、①～⑤の中から選び、その番号をマークしなさい。

解答番号は 31 です。

① 世間の人々は見た目が美しいものを好むので、気味の悪い毛虫に愛着を持っている姫君の評判を心配する気持ち。
② 世間の人々は見た目が美しいものを好むので、毛虫が綺麗な蝶になることを伝える姫君をもっともだと思う気持ち。
③ 世間の人々は気味が悪い毛虫が蝶になることを知らないので、姫君に物事の本質を教える人になって欲しいという気持ち。
④ 世間の人々は気味が悪い毛虫が蝶になることを知らないので、姫君に毛虫の生態を教える人になって欲しいという気持ち。
⑤ 姫君が眉も抜かず、歯黒めもせず、毛虫ばかりを愛しているので、将来結婚できるか不安な気持ち。

問7　この文章の内容ついて、次の中から**明らかに間違っているもの**を、①～⑤の中から一つ選び、その番号をマークしなさい。

解答番号は 32 です。

① 「人々の花、蝶や……心ばへをかしけれ」という姫君の発言から、見た目の美しさではなく、物事の本質を理解する必要性を伝えていることが分かる。
② 「若き人々は、怖ぢまどひければ」という言葉から、当時の女房たちは毛虫のことを気味が悪いものとして考えていたことが分かる。
③ 「眉さらに抜きたまはず、……白らかに笑みつつ、」という言葉から、姫君は当時の女性の身だしなみをしない人物として描かれていることが分かる。
④ 「おぼしとりたる……かしこきや」という姫君の親の発言から、普通の姫君とは違っていると思いながらも、何か理由があるのではないかと思案していることが分かる。
⑤ 「鬼と女とは人に見えぬぞよき」という姫君の発言から、理詰めで親を言い負かし、親の手に負えない姫君のさまが描かれていることが分かる。

問1 二重傍線部a「召しよせて」、b「まどひける」、c「おぼしたり」の主語（動作の主体）はそれぞれ誰ですか。最も適当なものを、①～⑤の中からそれぞれ一つずつ選び、その番号をマークしなさい。同じ番号を何度選んでもかまいません。

解答番号はaは 24 、bは 25 、cは 26 です。

① 姫君　② 姫君の両親　③ 女房たち
④ 世間の人　⑤ 男の童

問2 傍線部A「心にくく」とありますが、これはどういう意味ですか。最も適当なものを、①～⑤の中から選び、その番号をマークしなさい。

解答番号は 27 です。

① 安心で
② 気にくわなくて
③ 怪しくて
④ 憎らしくて
⑤ 奥ゆかしくて

問3 空欄Bに入る最も適当な言葉を、①～⑤の中から選び、その番号をマークしなさい。

解答番号は 28 です。

① さびしげなる
② おそろしげなる
③ をかしげなる
④ きよげなる
⑤ 心細げなる

問4 空欄Cは三箇所ありますが、共通して同じ言葉が入ります。最も適当なものを、①～⑤の中から選び、その番号をマークしなさい。

解答番号は 29 です。

① さへ　② なむ　③ のみ　④ ばかり　⑤ こそ

〔現代語訳〕

蝶《ちょう》をかわいがっている姫君がお住まいになっている館の隣に住んでいる、按察使の大納言の姫君は、□並大抵で無い感じの様子で、親たちはたいそう可愛がっていた。

この姫君がおっしゃることには、「人々が花よ、蝶よと愛でることは、あさましくつまらないことです。人は誠実であって、物事の本質をたずね求める人こそ、心ばえがよく素晴らしいのです」と言って、いろいろと□虫を取り集めて、「これがどんなふうに育つか、観察しましょう」といろいろな箱に入れさせなさる。中でも、「毛虫が思慮深そうにしているのが□」といって、一日中髪をだらしなく耳にはさんでかきあげて、手のひらに毛虫をのせて、かわいがっていらっしゃる。

若い女房（お付《つ》きの女性）たちは、怖がるので、物怖じしない、身分の低い男の子たちを召し寄せて、箱に入れる虫を捕ってこさせ、虫の名前を聞き、新しい虫には名前をつけて、喜んでいらっしゃる。

「人はすべて、着飾らずありのままの姿がよいのです」といって、普通年頃の女性が眉を抜くようには眉をまったくお抜きにならず、お歯黒は「まったく面倒で汚いこと」といっておつけにならない。そして真っ白な歯を見せてお笑いになる。そんなふうにして一日中虫たちをかわいがっておられた。女房たちが虫を怖がって逃げまわるので、この姫君の部屋はいつもやかましく大騒ぎだ。怖がる女房たちを「はしたない、品が無い」といって、真っ黒な眉でにらみつけるので、どうしてよいかわからない心地であった。

親たちは「実に風変わりで、普通の姫君と違っているなあ」とお思いになるが「姫には姫の何かしらの考えがあってのことだろう。風変わりであると思ってこちらから申し上げることに対しては、深く、そのようにもっともらしく言い返されるので、とても恐れ入ってしまう」と、あれこれ言うのも一苦労だとお思いになっている。

「そうはいっても、姫君の外聞が悪いではないか。普通の人は見た目が美しいのを好むものだよ。『あの姫君は気味の悪い毛虫をかわいがっているのだ』と、世間の人の耳に入ったりしたらみっともないのだぞ」と申し上げなさるので、「気にしないわ。いろんな事の本質を探究して、事の成り行きを見極めるのこそ意味ある事なの。それがわからないなんて幼稚よね。だってほらこの毛虫があの綺麗《きれい》な蝶になるのよ」姫君は毛虫が蝶になり変わるさまを、取り出してお見せになった。「絹といった人の着るものだって、蚕がまだ幼虫の頃に作り出して成虫になると、不用になって、邪魔になってしまうものからできているじゃない」とおっしゃるので、言い返す言葉もなく、あきれている。そうは言ってもやはり、親たちに面と向かってお会いするのが恥ずかしく、「鬼と女は人に見られないようにするのがよい」と思案なさっていた。

2 次の文章の主人公の姫君は、虫の収集に熱中しています。文章を読んで、後の問いに答えなさい。（ただし設問の都合上、本文や現代語訳の一部に省略があります。）

〔本文〕

蝶《てふ》めづる姫君の住みたまふかたはらに、【注1】按察使《あぜち》の大納言の御むすめ、A心にくくなべてならぬさまに、親たちかしづきたまふことかぎりなし。

この姫君ののたまふこと、「人々の花、蝶やとめづるこそ、はかなくあやしけれ。人はまことあり、本地《ほんぢ》たづねたるこそ、心ばへをかしけれ」とて、よろづの虫の［B］をとり集めて、「これが成らむさまを見む」とて、さまざまなる籠箱《こばこ》どもに入れさせたまふ。中にも、「鳥毛虫《かはむし》の心ふかきさましたるこそ心にくけれ」とて、明け暮れは【注2】耳はさみをして、手のうらにそへふせてまぼりたまふ。

若き人々は、怖《お》ぢまどひければ、男の童の物怖《ものお》ぢせず、いふかひなaきを召しよせて、箱の虫どもを取らせ、名を問ひ聞き、いま新しきには、名をつけて、興じたまふ。

「人はすべてつくろふところあるはわろし」とて、【注3】眉さらに抜きたまはず、歯黒《はぐろ》め「さらに、うるさし、きたなし」とてつけたまはず、いと白らかに笑みつつ、この虫どもを朝夕《あしたゆふ》べに愛したまふ。人々怖ぢわびて逃ぐれば、その御方は、いとあやしく［C］ののしりける。かく怖づる人をば、「けしからず、ばうぞくなり」とて、いと眉黒《まゆぐろ》にて［C］にらみ給ひけるに、いとど心地［C］bまどひける。

親たちは、「いとあやしく、さまことにおはするこそ」とおぼしけれど、「おぼしとりたることぞあらむや。あやしきことぞと思ひてD聞こゆることは、深く、さ、いらへたまへば、いとぞかしこきや」と、これをもいとはづかしとcおぼしたり。

「さはありとも、音聞きあやしや。人はみめをかしき事をこそ好むなれ。『むくつけげなる鳥毛虫を興ずなる』と、世の人の聞かむも、いとあやし」とE聞こえたまへば、「くるしからず。よろづの事どもをたづねて、末をみればこそ事はゆゑあれ。いとをさなきことなり。鳥毛虫の蝶とはなるなり」そのさまのなり出づるを、取り出でて見せ給《たま》へり。「きぬとて人々の着るも、蚕《かひこ》のまだ羽つかぬにし出だし、蝶になりぬれば、いともそでにて、あだになりぬるをや」とのたまふに、いひ返すべうもあらずあさまし。さすがに、親たちにもさし向かひたまはず、「鬼と女とは人に見えぬぞよき」と案じたまへり。

（『堤中納言物語』虫めづる姫君）

【注】

1 按察使――地方行政官を監督・視察する官職。

2 耳はさみ――額髪を後ろにかきやって挟む様子。品のないこととされていた。

3 眉さらに抜きたまはず、歯黒め「さらに、うるさし、きたなし」とてつけたまはず――眉毛を抜いて眉墨《まゆずみ》で描き、歯にお歯黒をつけるのは、当時の十三、四歳以降の女性の身だしなみ。

という三つの視点から、体外受精の是非を論じている。

問14 本文の内容に合致するものを、①～⑥の中から二つ選び、それぞれその番号をマークしなさい。解答の順序は問いません。
解答番号は 22 、 23 です。

① 「人間らしさ」を定義することが難しい理由は、歴史的に振り返ってみることに意味がないと考えられるからである。

② 「私は男らしいです」と答える人が多くない理由は、男らしさの定義が曖昧《あいまい》であり、国民全体のトウケイをとっていないからである。

③ 時代やその文化において事物が定義されていく考えを本質主義と言い、例えば原理主義と呼ばれる立場で活動する人たちのことをさしている。

④ 文化人類学者などの構築主義の立場をとる人たちは、「人間らしさ」を考察しても仕方がないという考えに至ってしまうこともある。

⑤ 「自分だけの世界」の視点から、人間らしさを失う場合を考察すると、自らの生き方に自信がもてなくなり、人生の始まりや終わりを意識するようになる。

⑥ 「私たちの世界」の視点から、人間らしさを失う場合を考察すると、人間の生誕や死などに関わる問題が浮上してくる。

問12　傍線部Ⅰ「人間と言っても『自分だけの世界』『私たちの世界』『一般論の世界』の位相」とありますが、筆者はなぜ三つの位相に分ける必要があると考えているのですか。最も適当なものを、①～⑤の中から選び、その番号をマークしなさい。

解答番号は 20 です。

① 三つの位相に分けることで、それぞれの視点が明確になり、生死の問題のみを解決する糸口を見つけることができるから。

② 三つの位相に分けることで、人間らしさをめぐる問いの重要性が浮き彫りになり、結果的に自分らしさを考察するきっかけになるから。

③ 三つの位相に分けることで、一般論のケースでは解決することができた問題も、私たちや自分の場合となると解決できない難しい問題であることを示すことができるから。

④ 三つの位相に分けることで、世間の人たちが人間らしさを失っている場合に、私たちの視点からその問題を解決することができるから。

⑤ 三つの位相に分けることで、自分の周囲にいる人が人間らしさを失い、問題を解決できない場合に、自分の考えを正しく伝えることができるから。

問13　この文章は空白行によって三つの部分に分けられていますが、その構成として最も適当なものを、①～⑤の中から選び、その番号をマークしなさい。

解答番号は 21 です。

① まず、「らしさ」について考察し、次に、「本質主義」と「構築主義」について対比的に述べ、最後に、「自分だけの世界」「私たちの世界」「一般論の世界」という三つの視点から「人間らしさ」を論じている。

② まず、「人間とは何か」という定義を明確に結論づけ、次に、「本質主義」におけるデメリットを考察し、最後に、「自分だけの世界」「私たちの世界」「一般論の世界」という三つの視点から、人間的なものを分析している。

③ まず、人間像を歴史的な視点から振り返り、次に、「構築主義」における問題を考察し、最後に、「自分だけの世界」「私たちの世界」「一般論の世界」という三つの視点から、それぞれの「人間らしさ」の違いを対比的に述べている。

④ まず、「らしさ」について男と女を例に論を展開し、次に、「人間らしさ」の見解の違いから生じる問題を具体的に述べ、最後に、「自分だけの世界」における「人間らしさ」の考察をしている。

⑤ まず、大学における授業での例を取り上げながら「らしさ」を定義し、次に、本質主義における問題点を浮き彫りにして、最後に、「自分だけの世界」「私たちの世界」「一般論の世界」

問10　波線部P～Tの文法の説明として正しいものを、①～⑤の中から一つ選び、その番号をマークしなさい。
解答番号は 18 です。

① P「思わ」は、動詞であり、活用の種類は五段活用で、活用形は連用形である。
② Q「の」は、連体詞の一部である。
③ R「られる」は、助動詞であり、自発の意味である。
④ S「の」は、格助詞であり、連体修飾の働きがある。
⑤ T「問い」は、動詞であり、活用の種類は上一段活用で、活用形は連用形である。

問11　傍線部G「自分だけの世界」、H「私たちの世界」を説明したものとして最も適当なものを、①～⑤の中から選び、その番号をマークしなさい。
解答番号は 19 です。

① 「自分だけの世界」では、人間らしさを喪失している時に、テレビや旅行のＰＲポスターを見て、娯楽を見つけ出そうとする。一方、「私たちの世界」では、脳死寸前の状態において、延命処置をするかどうかを家族と相談することである。
② 「自分だけの世界」では、自分自身の人間らしさについて考察している時に、忙しい仕事やノルマに追われてしまい人間らしさを考える余裕を失う。一方、「私たちの世界」では、自分の身近な人の生誕や死の場合において、生命倫理を含めた幅広い考察をする。
③ 「自分だけの世界」では、自分らしさを発揮することができない仕事をしている中で、どうしたら自分らしい生き方をすることができるかを考察する。一方、「私たちの世界」では、自分の家族の生誕や死の問題において、自分の考えを理解してもらえず、家族でその問題に関して時間をかけて考察する。
④ 「自分だけの世界」では、人間らしさを失っている生活を余儀なくされている時に、自らの生き方を振り返って人間的にどうなのかを考察する。一方、「私たちの世界」では、自分の家族の生誕や死の場合などにおいて、人間らしい行いは何なのかを考察する。
⑤ 「自分だけの世界」では、人間らしさを奪われてしまうような生活をしている時に、その原因は何なのかを考察する。一方、「私たちの世界」では、自分の身近な人の生死の場合において、その原因は何なのかを考察する。

平成31年度　名城大学附属高等学校　一般入学試験　問題

第3時限　　　理　科　（30分）

注　　　意

1　この試験は全問マークシート方式です。次の説明文を読み、間違いのないように記入しなさい。

①　解答用紙にマークをするには、ＨＢの黒鉛筆を使用しなさい。
②　監督者の指示で、解答用紙の氏名欄に漢字で名前を書き、フリガナをカタカナでつけなさい。
③　次に、受験番号を記入し、その下の欄に、右の例にならって正確にマークしなさい。
④　「開始」の指示で、解答を始めなさい。
⑤　問題用紙は１ページから17ページまであります。
⑥　問題は **1** から **4** まであります。
　解答番号は **1** から **25** まであります。解答記入欄を間違えないように、例にならって正確にマークしなさい。
⑦　訂正するときは、プラスチック製消しゴムでていねいに消し、消しくずをシート上に残さないこと。
⑧　所定の記入欄以外には、何も記入しないこと。
⑨　解答用紙を汚したり折り曲げたりしないこと。
　解答用紙が汚れていたり、折り目があったりしたときは、試験の監督者に申し出なさい。

例

氏名欄の記入例

フリガナ	メイジョウ　タロウ
氏　名	名　城　　太　郎

受験番号の記入例
「10310」
の場合⇨

受験番号				
1	0	3	1	0
⓪	●	⓪	⓪	●
●	①	①	●	①
②	②	②	②	②
③	③	●	③	③
	④	④	④	④
	⑤	⑤	⑤	⑤
	⑥	⑥	⑥	⑥
	⑦	⑦	⑦	⑦
	⑧	⑧	⑧	⑧
	⑨	⑨	⑨	⑨

マーク記入の例⇨

良い例	●
悪い例	

2　問題の内容についての質問には応じません。
　印刷の文字が不鮮明なときは、静かに手をあげ、試験の監督者に聞きなさい。

3　答案を書き終わった人は、解答用紙を裏返しにして置きなさい。

4　「終了」の指示で、書くことをやめ、解答用紙と問題用紙を別々にして机の上に置きなさい。
（問題用紙は持ち帰ってください。）

1 次の各問いに答えなさい。

問1 2018年6月27日，探査機「はやぶさ2」はある小惑星の上空20 kmの位置に到着しました。今後，小惑星内部の砂の採取に挑み，地球に帰還する予定です。この探査機が到着した小惑星の名前は何ですか。①～⑤の中から，最も適当なものを選び，その番号をマークしなさい。
解答番号は 1 です。

① アカツキ　② イトカワ　③ イブキ
④ カグヤ　⑤ リュウグウ

問2 アメリカ合衆国ハワイ島のキラウエア火山で2018年5月初旬より火山活動が活発化しました。キラウエア火山のように傾斜のゆるやかな火山の形をしている日本の火山の名前は何ですか。①～⑤の中から，最も適当なものを選び，その番号をマークしなさい。
解答番号は 2 です。

① 伊豆大島　② 富士山　③ 昭和新山
④ 雲仙岳　⑤ 浅間山

問3 次のア～ウの文のうち，つりあいについて正しく述べた文はどれですか。①～⑤の中から，最も適当なものを選び，その番号をマークしなさい。
解答番号は 3 です。

ア 机の上にリンゴが置いてある。このとき，リンゴが机を下向きに押す力と机がリンゴを上向きに押す力がつりあっている。
イ 一方が天井に固定され，もう一方の端におもりが取り付けられつり下げられている軽いバネが，元の長さより少しだけ伸びて静止している。このとき，バネが天井を引く力とバネがおもりを引く力はつりあっている。
ウ 体積の半分だけ水面より上に出ている状態で浮かんでいる木片がある。このとき，木片にはたらく重力と木片にはたらく浮力はつりあっている。

① アとイ　② アとウ　③ ア　④ イ　⑤ ウ

問 4　一直線上を，1.0秒間隔で音を出しながら17 m/s で進んでいる自動車があります。Aさんは同じ直線上，自動車の前方で音を聞きました。Aさんの聞いた音は何秒間隔でしたか。音の伝わる速さは340 m/s であり，自動車の速さには影響されません。またこのとき風はふいていませんでした。①～⑤の中から，最も適当なものを選び，その番号をマークしなさい。

解答番号は [4] です。

①　0.80秒　　②　0.95秒　　③　1.0秒　　④　1.05秒　　⑤　1.20秒

問 5　うすい塩酸に亜鉛板と銅板を入れて，導線を用いて電子オルゴールにつないだところ電子オルゴールが鳴りました。下の6つの液体について，塩酸の代わりに用いたときに電子オルゴールが鳴るものは何種類ありますか。①～⑤の中から，最も適当なものを選び，その番号をマークしなさい。

解答番号は [5] です。

70%エタノール水溶液	砂糖水	食塩水
蒸留水	水酸化ナトリウム水溶液	水酸化バリウム水溶液

①　1種類　　②　2種類　　③　3種類　　④　4種類　　⑤　5種類

問6　試験管A～Eにうすい塩酸を2.0 cm^{3}と少量のBTB溶液をそれぞれ入れました。この試験管A～Eに水酸化ナトリウム水溶液をそれぞれ1.0 cm^3，2.0 cm^3，3.0 cm^3，4.0 cm^3，5.0 cm^{3}加え，BTB溶液の色の変化を調べました。下表は，その結果をまとめたものです。この実験で加えた水酸化ナトリウム水溶液の体積と，水酸化ナトリウム水溶液を加えた後の水酸化物イオンの数の関係をグラフに表したものはどれですか。①～⑤の中から，最も適当なものを選び，その番号をマークしなさい。

解答番号は［ 6 ］です。

試験管	A	B	C	D	E
水酸化ナトリウム水溶液の体積［cm^3］	1.0	2.0	3.0	4.0	5.0
BTB溶液の色	黄色	黄色	黄色	緑色	青色

①

②
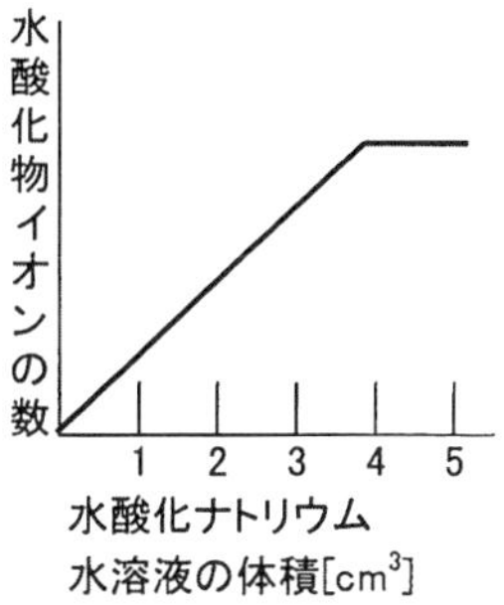

③
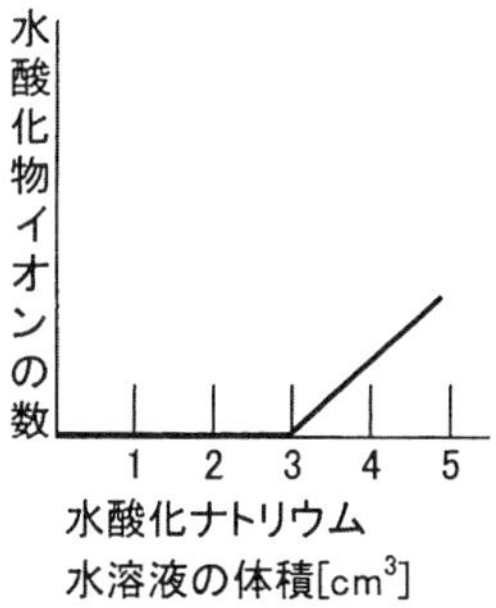

④
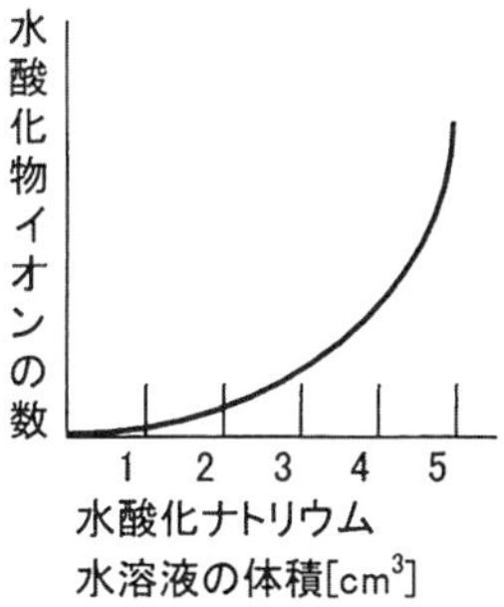

⑤
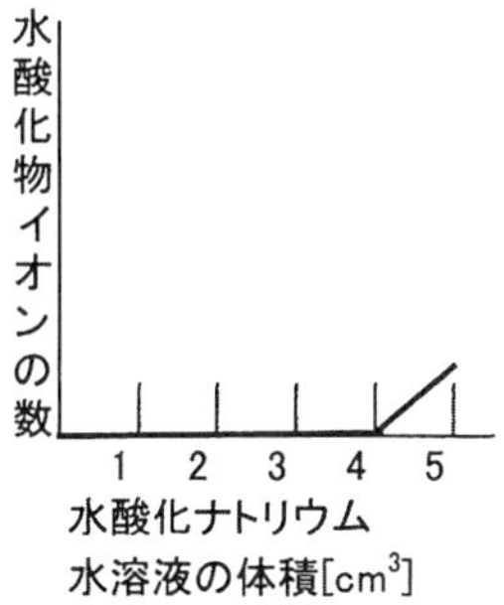

問7　ある物体を見ているとき，その部屋全体を暗くしていきました。そのときのひとみ（瞳孔）の変化と網膜上につくられる像の大きさの変化について述べた次の文のうち，正しいものはどれですか。①～⑤の中から，最も適当なものを選び，その番号をマークしなさい。

解答番号は［7］です。

① ひとみ（瞳孔）は拡大し，網膜上の像は変わらない。

② ひとみ（瞳孔）は拡大し，網膜上の像は小さくなる。

③ ひとみ（瞳孔）は拡大し，網膜上の像は大きくなる。

④ ひとみ（瞳孔）は縮小し，網膜上の像は小さくなる。

⑤ ひとみ（瞳孔）は縮小し，網膜上の像は大きくなる。

問8　ヒトの肺，腎臓，肝臓を血液が通過するとき，血液中から減少する主な物質の組み合わせとして正しいものはどれですか。①～⑤の中から，最も適当なものを選び，その番号をマークしなさい。

解答番号は［8］です。

	肺	腎臓	肝臓
①	酸素	アンモニア	尿素
②	酸素	尿素	グリコーゲン
③	二酸化炭素	尿素	アンモニア
④	二酸化炭素	アンモニア	尿素
⑤	二酸化炭素	グリコーゲン	アンモニア

問9　2月15日の午前0時にオリオン座が南中しました。同じ観測点で，4月15日にオリオン座が南中する時刻はいつごろですか。①～⑤の中から，最も適当なものを選び，その番号をマークしなさい。

解答番号は［9］です。

① 午前0時　② 午前2時　③ 午前4時　④ 午後8時　⑤ 午後10時

問10 日本の天気の特徴について述べた次の文のうち，誤りを含むものはどれですか。①～⑤の中から，最も適当なものを選び，その番号をマークしなさい。

解答番号は 10 です。

① 春は，中国の揚子江あたりで発生した移動性高気圧と温帯低気圧が交互に日本を通過していく。春の天気は短い周期で変化することが多い。

② 夏が近づくころには，オホーツク海気団の冷たく湿った空気と小笠原気団の暖かく湿った空気が接するところに，東西に長くのびた停滞前線が現れる。

③ 夏は小笠原気団が発達し，南高北低の気圧配置になりやすい。小笠原気団の暖かく湿った空気が南東の風となって日本にふき，蒸し暑い晴れの日が続く。

④ 日本の南方海上で発生した熱帯低気圧のうち，最大風速が約17 m/s 以上になったものを台風という。台風の中心付近に強い下降気流が発生するため，強い風をともなった激しい雨が降る。

⑤ 冬はシベリア気団が発達し，西高東低の気圧配置になりやすい。強い北西の風が日本にふき，日本海側では筋状の雲が発生して雪が降り，太平洋側では晴れの天気になる。

2　電流と磁界について調べるために，いくつかの実験を行いました。次の各問いに答えなさい。

【実験１】

図１のように，水平に支えたコイル１に検流計をつなぎ，棒磁石のＮ極を上から下に速く動かしてコイル１に近づけたら検流計の針が少し－側（左側）にふれ，電流が流れたことがわかりました。

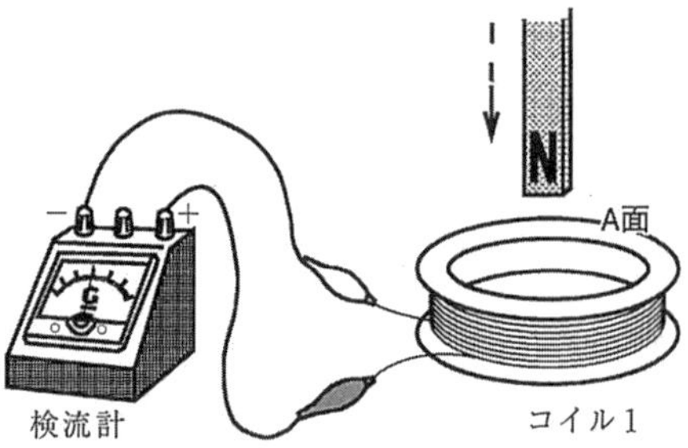

図１

問１　【実験１】と同じ装置を使用して，同じ棒磁石のＳ極を上から下に【実験１】のときよりも速く動かしたとき，検流計の針のふれはどうなりますか。①～⑤の中から，最も適当なものを選び，その番号をマークしなさい。

解答番号は［11］です。

①　針のふれる向きも，ふれの大きさもどちらも変わらない。

②　針のふれる向きは同じで，ふれの大きさは小さくなる。

③　針のふれる向きは同じで，ふれの大きさは大きくなる。

④　針のふれる向きは逆で，ふれの大きさは小さくなる。

⑤　針のふれる向きは逆で，ふれの大きさは大きくなる。

問２　【実験１】と同じ原理を利用していないものは次のうちどれですか。①～⑤の中から，最も適当なものを選び，その番号をマークしなさい。

解答番号は［12］です。

①　電子レンジ　　②　変圧器　　③　発電機

④　IH 調理器　　⑤　非接触型 IC カード

【実験２】

図２のような装置をつくり，コイル２につないだスイッチを閉じると，コイル１につないだ検流計の針がふれ，電流が流れたことがわかりました。

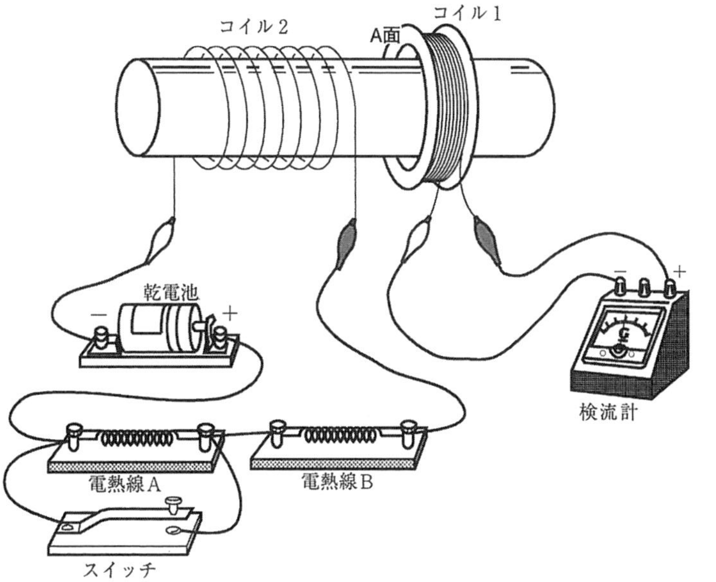

図２

問３　次の文は，コイル１に電流が流れた理由と流れた電流の向きについて説明しています。空欄X，Y，Zの組み合わせとして正しいものはどれですか。①〜⑤の中から，最も適当なものを選び，その番号をマークしなさい。

解答番号は［13］です。

電流が流れた理由は，はじめコイル２の右端が（　X　）極となっていますが，スイッチを閉じるとその磁界の強さが（　Y　）なり，棒磁石を動かしたときと同じ状態になったからです。コイル１につないだ検流計の針は（　Z　）にふれました。

	X	Y	Z
①	N	強く	＋側（右側）
②	N	弱く	−側（左側）
③	S	強く	＋側（右側）
④	S	弱く	−側（左側）
⑤	S	強く	−側（左側）

【実験３】

図３のように，台車を走らせるための斜面と水平面をなめらかにつなぎ，コイル１の中を通過できるよう設置しました。次に，台車に棒磁石をＮ極が先頭になるように固定し，Ｐ点に置いて静かに手を離すと台車は斜面を下り，コイル１の中を通り抜けました。このとき，検流計の針はふれ，電流が流れたことがわかりました。

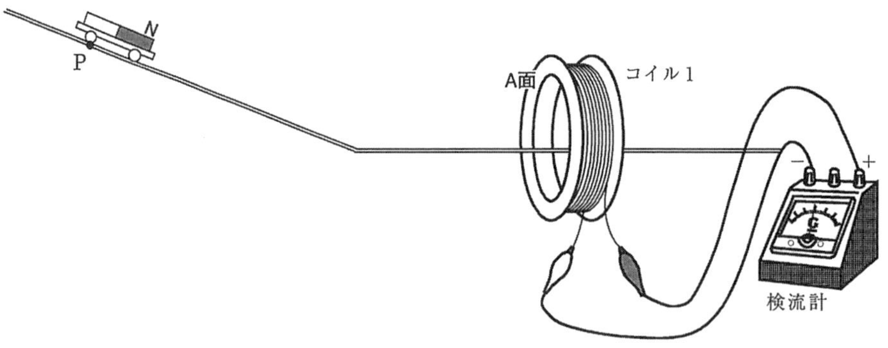

図３

問４　台車がコイルを通過するときの検流計に流れた電流の向きと大きさをグラフに表すとどのようになりますか。①〜⑤の中から，最も適当なものを選び，その番号をマークしなさい。解答番号は［ 14 ］です。

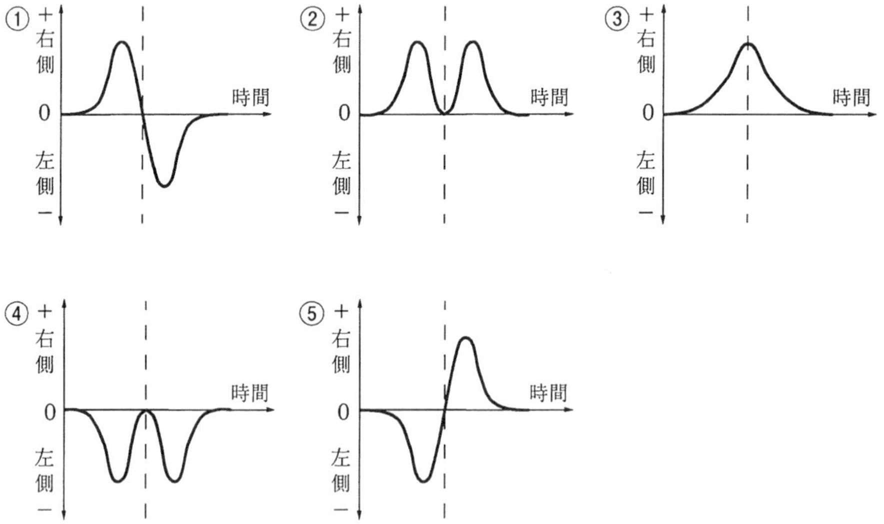

平成31年度　名城大学附属高等学校　一般入学試験　問題

第４時限　　英　語　（40分）

注　　意

1　この試験は全問マークシート方式です。次の説明文を読み、間違いのないように記入しなさい。

①　解答用紙にマークをするには、ＨＢの黒鉛筆を使用しなさい。
②　監督者の指示で、解答用紙の氏名欄に漢字で名前を書き、フリガナをカタカナでつけなさい。
③　次に、受験番号を記入し、その下の欄に、右の例にならって正確にマークしなさい。
④　「開始」の指示で、解答を始めなさい。
⑤　問題用紙は１ページから15ページまであります。
⑥　問題は **1** から **7** まであります。
　解答番号は [1] から [39] まであります。解答記入欄を間違えないように、例にならって正確にマークしなさい。
⑦　訂正するときは、プラスチック製消しゴムでていねいに消し、消しくずをシート上に残さないこと。
⑧　所定の記入欄以外には、何も記入しないこと。
⑨　解答用紙を汚したり折り曲げたりしないこと。
　解答用紙が汚れていたり、折り目があったりしたときは、試験の監督者に申し出なさい。

2　問題の内容についての質問には応じません。
　印刷の文字が不鮮明なときは、静かに手をあげ、試験の監督者に聞きなさい。

3　答案を書き終わった人は、解答用紙を裏返しにして置きなさい。

4　「終了」の指示で、書くことをやめ、解答用紙と問題用紙を別々にして机の上に置きなさい。

（問題用紙は持ち帰ってください。）

例

氏名欄の記入例

フリガナ	メイジョウ　タロウ
氏　名	名　城　　太　郎

受験番号の記入例
「10310」
の場合⇨

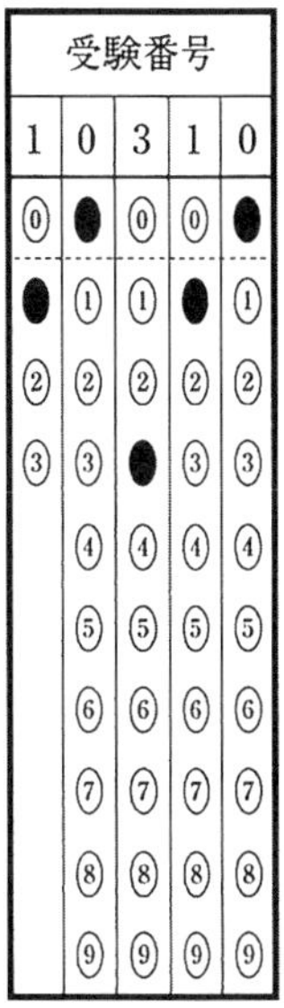

マーク記入の例⇨

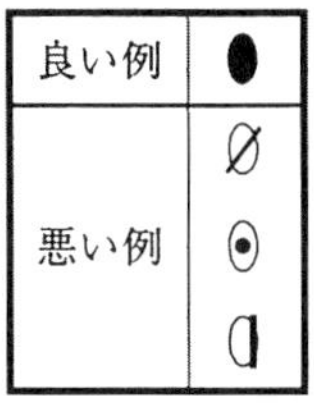

1 次の各語の中で、下線部の発音が他と異なるものはどれですか。①～⑤の中から最も適当なものを選び、その番号をマークしなさい。

問１　① f<u>oo</u>d　② w<u>oo</u>d　③ c<u>oo</u>l
　　　④ sch<u>oo</u>l　⑤ r<u>oo</u>m

解答番号は ［1］ です。

問２　① fl<u>ow</u>er　② cr<u>ow</u>ded　③ gr<u>ou</u>nd
　　　④ th<u>ou</u>gh　⑤ cl<u>ou</u>dy

解答番号は ［2］ です。

2 次の各語の中で、最も強く発音する部分が他と異なるものはどれですか。①～⑤の中から最も適当なものを選び、その番号をマークしなさい。

問１　① lan-guage　② kitch-en　③ con-trol
　　　④ traf-fic　⑤ A-pril

解答番号は ［3］ です。

問２　① um-brel-la　② rec-og-nize　③ eve-ry-one
　　　④ pop-u-lar　⑤ com-pa-ny

解答番号は ［4］ です。

3 次の各英文の、(　　) に入る語 (句) はどれですか。①～⑤の中から、最も適当なものを選び、その番号をマークしなさい。

問1 We don’t have to hurry. We have (　　).

解答番号は 5 です。

① full time　② many time　③ much time
④ a lot of times　⑤ some times

問2 This dictionary is not mine. I think it’s (　　).

解答番号は 6 です。

① her　② their　③ our　④ his　⑤ there

問3 Yesterday I got an e-mail (　　) English.

解答番号は 7 です。

① writing by　② to write in　③ writing in
④ written in　⑤ written by

問4 I’m looking forward to (　　) you again. See you then.

解答番号は 8 です。

① call　② be calling　③ calling　④ call for　⑤ call to

問5 I have known Mr. Aragaki (　　) 1992.

解答番号は 9 です。

① for　② since　③ until　④ from　⑤ in

問6 “How (　　) do you clean your room in a week?” “Only one time.”

解答番号は 10 です。

① many　② much　③ about　④ often　⑤ long

4 次の各日本文に合うように語を並べかえた場合、(　　) 内での順番が【　　】に指定されたものの組み合わせとして正しいものはどれですか。①～⑤の中から、最も適当なものを選び、その番号をマークしなさい。ただし、文頭になるものも小文字で記してあります。

〈例〉彼はテーブルの上にこの本を置いた。【2番目と4番目】

He (this / book / table / on / put / the).

→ He (put this book on the table).

2番目：this　/　4番目：on

問1　彼が昨日使ったコンピュータが今日動きません。【3番目と6番目】

解答番号は 11 です。

The (which / doesn't / used / he / computer / yesterday / work) today.

① 3番目：work　/ 6番目：used
② 3番目：work　/ 6番目：yesterday
③ 3番目：used　/ 6番目：doesn't
④ 3番目：he　/ 6番目：yesterday
⑤ 3番目：he　/ 6番目：doesn't

問2　どちらの映画を選んだらいいのだろう。【3番目と6番目】

解答番号は 12 です。

(movie / don't / choose / know / which / to / I).

① 3番目：know　/ 6番目：to
② 3番目：to　/ 6番目：don't
③ 3番目：don't　/ 6番目：choose
④ 3番目：know　/ 6番目：movie
⑤ 3番目：choose　/ 6番目：to

問3　ヒロシが私の家に来たとき、私はテレビを見ていました。【3番目と6番目】

解答番号は 13 です。

(visited / when / my / TV / watching / was / I / Hiroshi) house.

① 3番目：watching　/ 6番目：Hiroshi
② 3番目：visited　/ 6番目：I
③ 3番目：visited　/ 6番目：Hiroshi
④ 3番目：was　/ 6番目：my
⑤ 3番目：watching　/ 6番目：my

問4　この図書館には何冊の本があるのですか。【2番目と5番目】

解答番号は 14 です。

(this / there / how / in / are / many / books) library?

① 2番目：are　/ 5番目：there
② 2番目：there　/ 5番目：in
③ 2番目：many　/ 5番目：there
④ 2番目：there　/ 5番目：are
⑤ 2番目：many　/ 5番目：in

問5　彼は年をとりすぎていて、息子より速く走れない。【3番目と6番目】

解答番号は 15 です。

He is (son / old / too / than / to / run / his / faster).

① 3番目：too　/ 6番目：faster
② 3番目：his　/ 6番目：to
③ 3番目：run　/ 6番目：son
④ 3番目：faster　/ 6番目：old
⑤ 3番目：to　/ 6番目：than

5 次の対話文の、（　A　）～（　F　）に入る表現はどれですか。①～⑤の中から、最も適当なものを選び、その番号をマークしなさい。

Good morning! I'm Barry Smiles. Welcome to the ***Yes/No Contest***. Our rules are very simple. I'll ask you questions for one minute. You must answer, but you can't answer with "Yes" or "No." You can't *nod or *shake your head, either. Now, here is our first *challenger, Anne Mock from Palm Beach, Florida.

Smiles : What's your name?

Anne : Anne. Anne Mock.

Smiles : Where are you from, Anne?

Anne : Palm Beach.

Smiles : Did you say Palm Springs?

Anne : (　A　), Palm...(****Gong!***)

Smiles : Oh, I'm sorry, Anne. You said "(　A　)." Our next challenger is Chuck Fleener from St. Louis, Missouri. It's *Doctor* Fleener, isn't it?

Chuck : (　B　), but you call me Chuck.

Smiles : I see. You are ready, aren't you, Chuck?

Chuck : I'm ready.

Smiles : Did you nod your head?

Chuck : I didn't.

Smiles : Are you sure?

Chuck : (　C　), I'm sure....(***Gong!***)

Smiles : Oh! I'm sorry, Chuck. Better luck next time. Now, here's our third challenger. He's Richard Oropallo from Washington, D.C. Hello, Richard.

Richard : Hello, Barry.

Smiles : You work in a hotel, (　D　)?

Richard : That's correct.

Smiles : Do you like your job?

Richard : I enjoy it very much.

Smiles : Oh, do you?

Richard : I said, "I enjoy it very much."

Smiles : Now, you have a wife, don't you?

Richard : I have a wife.

Smiles : Is she here tonight?

Richard : She's at home in Washington.

Smiles : So she isn't here.

Richard : (E).

Smiles : Do you have any children?

Richard : I have two children.

Smiles : Two boys?

Richard : A boy and a girl.

Smiles : And...(**Buzz!*) That's (F) minute! You've done it, Richard! Isn't that wonderful, everybody? He's won tonight's prize — a new dishwasher!

(adapted from *the website of Arbeitsblätter English*)

*nod：うなずく　*shake：振る　*challenger：挑戦者 *Gong：ゴン（という鐘の音）　*Buzz：ブー（というブザーの音）

(A) ① Yes ② No ③ Correct ④ Beach ⑤ I didn't

解答番号は 16 です。

(B) ① Yes ② No ③ ASAP ④ Excuse me ⑤ Chuck

解答番号は 17 です。

(C) ① Yes ② No ③ Shake my head ④ I don't know ⑤ Sure

解答番号は 18 です。

(D) ① didn't you ② aren't you ③ do you ④ don't you ⑤ are you

解答番号は 19 です。

(E) ① Of course, yes ② Of course, not ③ That’s wrong

④ That’s all ⑤ No, she isn’t

解答番号は 20 です。

(F) ① one ② two ③ three

④ four ⑤ ten

解答番号は 21 です。

平成31年度　名城大学附属高等学校　一般入学試験　問題

第５時限　　社　会　(30分)

注　　意

1　この試験は全問マークシート方式です。次の説明文を読み、間違いのないように記入しなさい。

①　解答用紙にマークをするには、ＨＢの黒鉛筆を使用しなさい。
②　監督者の指示で、解答用紙の氏名欄に漢字で名前を書き、フリガナをカタカナでつけなさい。
③　次に、受験番号を記入し、その下の欄に、右の例にならって正確にマークしなさい。
④　「開始」の指示で、解答を始めなさい。
⑤　問題用紙は１ページから17ページまであります。
⑥　問題は **1** から **4** まであります。
　解答番号は [1] から [28] まであります。解答記入欄を間違えないように、例にならって正確にマークしなさい。
⑦　訂正するときは、プラスチック製消しゴムでていねいに消し、消しくずをシート上に残さないこと。
⑧　所定の記入欄以外には、何も記入しないこと。
⑨　解答用紙を汚したり折り曲げたりしないこと。
　解答用紙が汚れていたり、折り目があったりしたときは、試験の監督者に申し出なさい。

2　問題の内容についての質問には応じません。
　印刷の文字が不鮮明なときは、静かに手をあげ、試験の監督者に聞きなさい。

3　答案を書き終わった人は、解答用紙を裏返しにして置きなさい。

4　「終了」の指示で、書くことをやめ、解答用紙と問題用紙を別々にして机の上に置きなさい。

(問題用紙は持ち帰ってください。)

例

氏名欄の記入例

フリガナ	メイジョウ　タロウ
氏　名	名　城　　太　郎

受験番号の記入例
「10310」
の場合⇨

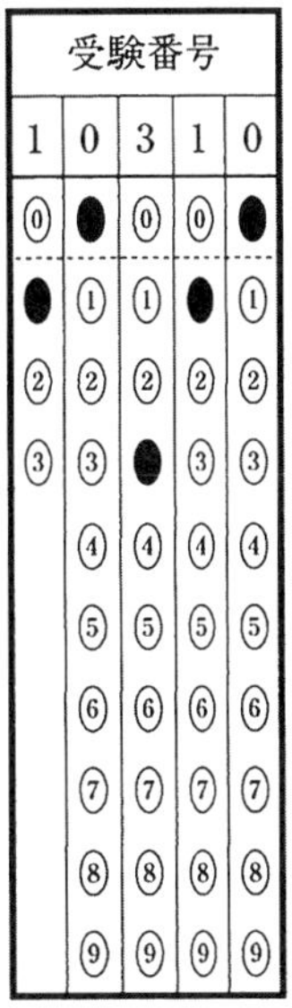

マーク記入の例⇨

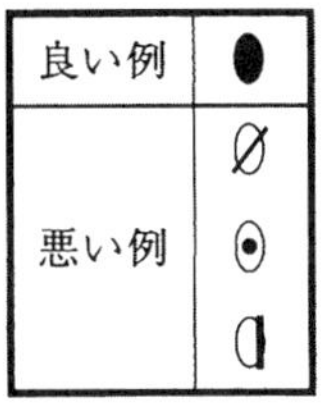

1　次の**問1**～**問7**に答えなさい。

問1　下の写真は、ある国の紙幣である。写真から読み取れることとして、①～⑤の中から、最も適当なものを選び、その番号をマークしなさい。
解答番号は［ 1 ］です。

A

B

①　表記された国名から、インドネシアの紙幣であることが分かる。
②　Ａの左下にある獅子の図柄は、国旗にも描かれているものである。
③　国王の肖像画が描かれていることから、王のいる国であることが分かる。
④　複数の言語が書かれていることから、多くの言語が話されている国であることが分かる。
⑤　描かれた動物から、仏教を主に信仰する国であることが分かる。

問2　下の地図中のＡ・Ｂは、ある農産物の生産が盛んなアメリカ合衆国の代表的な州を示している。Ａ・Ｂで生産が盛んな農産物の組み合わせとして、①～⑤の中から、最も適当なものを選び、その番号をマークしなさい。
解答番号は［ 2 ］です。

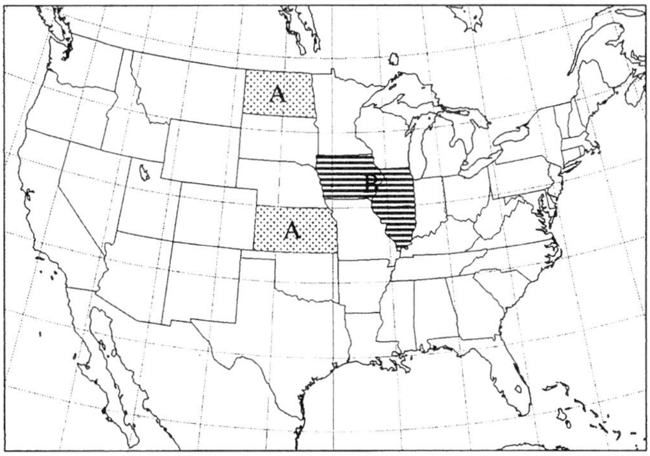

①　Ａ：小麦　Ｂ：とうもろこし
②　Ａ：小麦　Ｂ：綿花
③　Ａ：肉牛　Ｂ：小麦
④　Ａ：肉牛　Ｂ：綿花
⑤　Ａ：綿花　Ｂ：とうもろこし

問3　南アメリカ州に暮らす人々に関する記述として、①～⑤の中から、最も適当なものを選び、その番号をマークしなさい。

解答番号は 3 です。

① メスチソと呼ばれる、ヨーロッパ系とアフリカ系との間の混血の人々が暮らしている。

② ペルーでは、ヨーロッパ系の人々が多数派を占めている。

③ ボリビアでは、アフリカ系の人々が多数派を占めている。

④ アルゼンチンでは、人々はポルトガル語を公用語としている。

⑤ ブラジルには、南アメリカ州で最も多くの日系人が暮らしている。

問4　名古屋が2月7日午前11時であるとき、2月6日午後9時である都市として、①～⑤の中から、最も適当なものを選び、その番号をマークしなさい。

解答番号は 4 です。

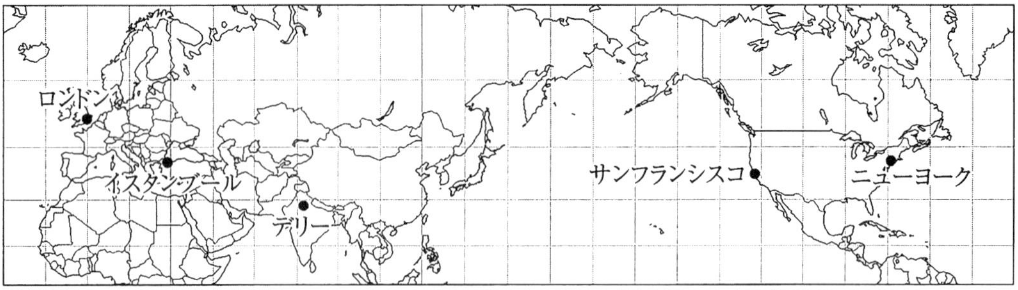

① ロンドン　　② イスタンブール　　③ デリー

④ サンフランシスコ　　⑤ ニューヨーク

問5　下の地形図において、いちばん標高の高い地点として、①～⑤の中から、最も適当なものを選び、その番号をマークしなさい。

解答番号は 5 です。

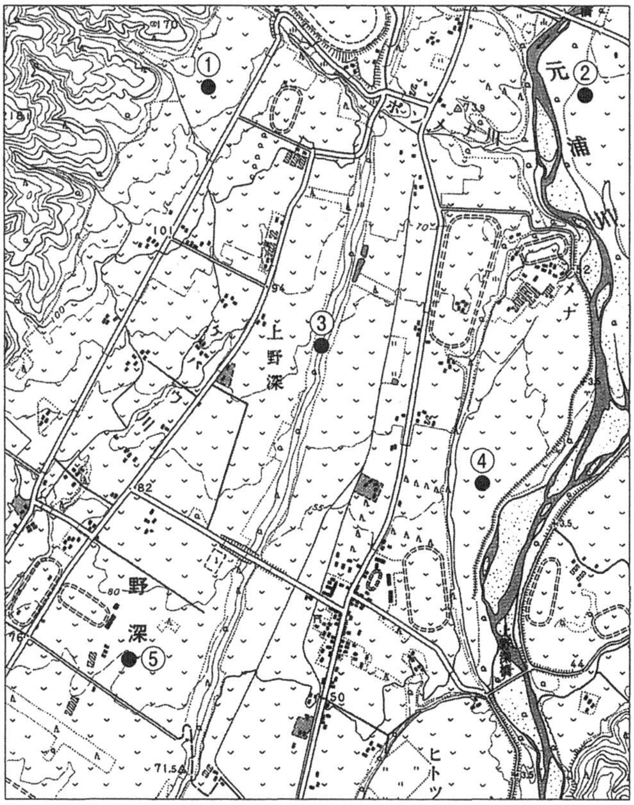

問6　九州地方に関する記述として、①～⑤の中から、最も適当なものを選び、その番号をマークしなさい。

解答番号は 6 です。

① 九州地方は、両岸を暖流の日本海流と千島海流が流れているため、気候は温暖である。

② 九州地方の人口は、全体的に南部にかたよっている。

③ 北九州工業地帯では、筑豊炭田の石炭を利用した鉄鋼の生産が盛んである。

④ 熊本県では、1950年代に、四大公害病のひとつが発生し、人々が深刻な被害を受けた。

⑤ 長崎県の屋久島は、2018年に長崎と天草地方の潜伏キリシタン関連遺産として世界遺産に登録された。

問7　下の文章が示す日本の地方として、①～⑤の中から、最も適当なものを選び、その番号をマークしなさい。

解答番号は 7 です。

> 北は日本海、南は太平洋に面するこの地方の地形は、南北の山地部と中央の低地部に分けることができる。中央の低地部には人口密度の高い地域が広がっており、3つの中心都市がある。これらの都市を中心として各地に鉄道網が広がり、都市圏が作られている。この地方は長いあいだ日本の中心地として発展してきたため、歴史的都市が多く存在している。貴重な文化財も集中しており、5か所の世界文化遺産がある。

① 関東地方　② 東北地方　③ 中部地方
④ 中国・四国地方　⑤ 近畿地方

2 次の**問1**～**問11**に答えなさい。

問1 弥生時代に関する記述として、①～⑤の中から、最も適当なものを選び、その番号をマークしなさい。

解答番号は **8** です。

① 大陸から伝わった青銅器は、主に武器や斧などの工具として使われた。

② 弥生時代の代表的なむらの遺跡は、三内丸山遺跡である。

③ 弥生時代には沖縄でも稲作が行われた。

④ 石包丁で稲の穂を摘んで収穫し、高床倉庫に蓄えた。

⑤ この時代の土器は、発見した人物の名にちなんで弥生土器と呼ばれている。

問2 大和政権に関する記述として、①～⑤の中から、最も適当なものを選び、その番号をマークしなさい。

解答番号は **9** です。

① 江田船山古墳出土の刀に刻まれた「ワカタケル大王」とは、倭の五王の一人である「済」と同一人物だと考えられている。

② 各地の豪族は、先祖を共通にする姓という集団をつくり、代々決まった仕事で政権につかえた。

③ 渡来人には、政権の政治・財政にたずさわった者や、須恵器という、低温で焼く質のやわらかい土器を作る技術を伝えた者もいた。

④ 中国の歴史書「宋書」には、大王が中国の南朝にたびたび使いを送ったことが記されている。

⑤ 大和政権は、朝鮮半島の高句麗から銅を輸入していた。

問3　８世紀から９世紀の日本の出来事であるＡ～Ｄを、年代の古い順に並べたものとして、①～⑤の中から、最も適当なものを選び、その番号をマークしなさい。

解答番号は 10 です。

Ａ　坂上田村麻呂に蝦夷の指導者である阿弖流為（アテルイ）が降伏した。

Ｂ　墾田永年私財法が出された。

Ｃ　都が平城京から長岡京に移された。

Ｄ　菅原道真が遣唐使に任命された。

①　Ｂ　→　Ａ　→　Ｄ　→　Ｃ

②　Ｂ　→　Ｃ　→　Ｄ　→　Ａ

③　Ｂ　→　Ｃ　→　Ａ　→　Ｄ

④　Ｃ　→　Ｂ　→　Ａ　→　Ｄ

⑤　Ｃ　→　Ｂ　→　Ｄ　→　Ａ

問4　16世紀から18世紀のイギリスに関する記述として、①～⑤の中から、最も適当なものを選び、その番号をマークしなさい。

解答番号は 11 です。

①　16世紀前半、国王は、カトリック教会の影響を排除するため宗教改革を行い、プロテスタント系のイギリス国教会を立てた。

②　16世紀半ば、女王エリザベス１世の時代に絶対王政を成立させると、無敵といわれたポルトガルの艦隊を破り、海外発展の土台を築いた。

③　17世紀半ば、国王の専制政治に議会は反対し、内乱に発展した。国王の軍はクロムウェルを指導者とする議会側を破り、王政を維持した。

④　国王と議会の信頼関係は回復せず、国王がカトリックの信仰の復活を図ったため、1688年、議会は一致して国王を退位させ、フランスから新たな国王を迎えた。

⑤　北アメリカにあった14の植民地に対し、戦争の費用として重い税金をかけたため、植民地の人々は不満をいだき、1775年に戦争が始まった。

問5　江戸時代の産業に関する記述として、①～⑤の中から、最も適当なものを選び、その番号をマークしなさい。

解答番号は［12］です。

① 蝦夷地では大規模ないわし漁が行われ、いわしは肥料（干鰯）に加工された。

② 農具や農作業の方法が改良され、土を深く耕すことができる備中ぐわが広くゆきわたった。

③ しょう油や漬物の消費が増え、九十九里浜では塩田による塩の生産が増えた。

④ 鉱山の採掘や精錬の技術が進み、足尾の銀山、石見の銅山が開発された。

⑤ 江戸と大阪のあいだを菱垣廻船や樽廻船がゆききし、木綿・酒・菜種油などが主に江戸から大阪へ送られた。

問6　下の絵画に関する記述として、①～⑤の中から、最も適当なものを選び、その番号をマークしなさい。

解答番号は［13］です。

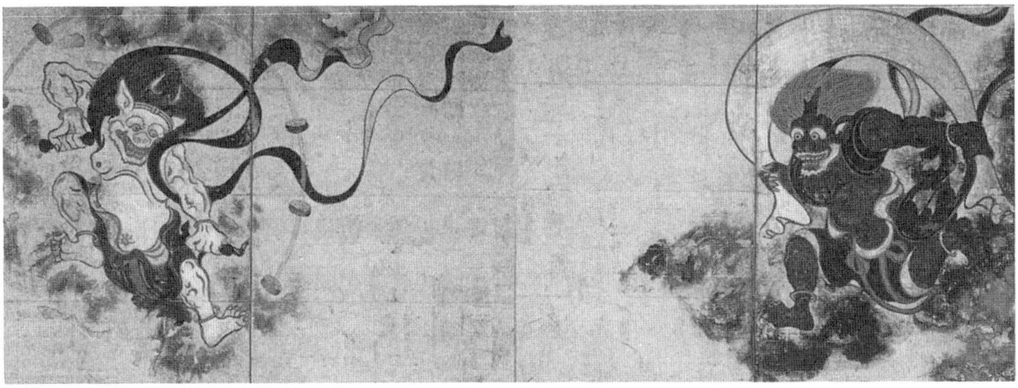

① これは「装飾画」とよばれるもので、尾形光琳の作である。

② これは「装飾画」とよばれるもので、俵屋宗達の作である。

③ これは「装飾画」とよばれるもので、菱川師宣の作である。

④ これは「浮世絵」とよばれるもので、俵屋宗達の作である。

⑤ これは「浮世絵」とよばれるもので、尾形光琳の作である。

問7　下の文章は、1890年の第1回衆議院議員総選挙について述べたものである。空欄〔 A 〕～〔 D 〕に当てはまる数字の組み合わせとして、①～⑤の中から、最も適当なものを選び、その番号をマークしなさい。

解答番号は [14] です。

議員定数は〔 A 〕名で、選挙権は、直接国税を〔 B 〕円以上納める満〔 C 〕歳以上の男子に限られていたため、有権者は総人口の約〔 D 〕％で、その多くは農村の地主であった。

① 〔A〕300　〔B〕15　〔C〕25　〔D〕1.1

② 〔A〕200　〔B〕15　〔C〕25　〔D〕5.5

③ 〔A〕300　〔B〕20　〔C〕20　〔D〕5.5

④ 〔A〕200　〔B〕15　〔C〕20　〔D〕1.1

⑤ 〔A〕300　〔B〕20　〔C〕25　〔D〕5.5

問8　明治時代の出来事であるA～Dを、年代の古い順に並べたものとして、①～⑤の中から、最も適当なものを選び、その番号をマークしなさい。

解答番号は [15] です。

A　ロシアの南下をおさえるために、イギリスが日本と日英同盟を結んだ。

B　ロシアがドイツ、フランスとともに遼東半島を清に返還するよう日本に勧告した。

C　アメリカの仲介で日本とロシアの間で講和会議が開かれ、ポーツマス条約が結ばれた。

D　日本がロシアと樺太・千島交換条約を結んだ。

① A → D → B → C

② D → B → C → A

③ D → B → A → C

④ B → D → C → A

⑤ B → A → D → C

解答記入欄								
①	②	③	④	⑤	⑥	⑦	⑧	⑨
①	②	③	④	⑤	⑥	⑦	⑧	⑨
①	②	③	④	⑤	⑥	⑦	⑧	⑨
①	②	③	④	⑤	⑥	⑦	⑧	⑨
①	②	③	④	⑤	⑥	⑦	⑧	⑨
解答記入欄								
①	②	③	④	⑤	⑥	⑦	⑧	⑨
①	②	③	④	⑤	⑥	⑦	⑧	⑨
解答記入欄								
①	②	③	④	⑤	⑥	⑦	⑧	⑨
①	②	③	④	⑤	⑥	⑦	⑧	⑨
①	②	③	④	⑤	⑥	⑦	⑧	⑨
①	②	③	④	⑤	⑥	⑦	⑧	⑨
①	②	③	④	⑤	⑥	⑦	⑧	⑨
①	②	③	④	⑤	⑥	⑦	⑧	⑨
①	②	③	④	⑤	⑥	⑦	⑧	⑨
①	②	③	④	⑤	⑥	⑦	⑧	⑨

記入方法

1. 記入は、必ずＨＢの黒鉛筆で、◯の中を正確に、ぬりつぶしてください。
2. 訂正は、プラスチック製消しゴムできれいに消してください。
3. 受験番号は、数字を記入してから間違いのないようにマークしてください。
4. 解答用紙を、折り曲げたり、汚したりしないでください。

良い例	●
悪い例	⦰ ⊙ ◧

5		解答記入欄										
（1）	ア	⊖	⓪	①	②	③	④	⑤	⑥	⑦	⑧	⑨
	イ	⊖	⓪	①	②	③	④	⑤	⑥	⑦	⑧	⑨
（2）	ウ	⊖	⓪	①	②	③	④	⑤	⑥	⑦	⑧	⑨
	エ	⊖	⓪	①	②	③	④	⑤	⑥	⑦	⑧	⑨
（3）	オ	⊖	⓪	①	②	③	④	⑤	⑥	⑦	⑧	⑨
	カ	⊖	⓪	①	②	③	④	⑤	⑥	⑦	⑧	⑨
	キ	⊖	⓪	①	②	③	④	⑤	⑥	⑦	⑧	⑨
6		解答記入欄										
（1）	ア	⊖	⓪	①	②	③	④	⑤	⑥	⑦	⑧	⑨
	イ	⊖	⓪	①	②	③	④	⑤	⑥	⑦	⑧	⑨
	ウ	⊖	⓪	①	②	③	④	⑤	⑥	⑦	⑧	⑨
（2）	エ			①	②	③	④	⑤	⑥	⑦	⑧	⑨

名城大学附属高等学校

記入方法

1. 記入は、必ずＨＢの黒鉛筆で、◯の中を正確に、ぬりつぶしてください。
2. 訂正は、プラスチック製消しゴムできれいに消してください。
3. 受験番号は、数字を記入してから間違いのないようにマークしてください。
4. 解答用紙を、折り曲げたり、汚したりしないでください。

良い例	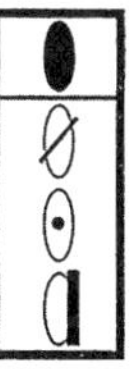
悪い例	

解答記入欄					
①	②	③	④	⑤	
①	②	③	④	⑤	
①	②	③	④	⑤	
①	②	③	④	⑤	
①	②	③	④	⑤	
①	②	③	④	⑤	
①	②	③	④	⑤	
①	②	③	④	⑤	⑥
①	②	③	④	⑤	⑥

2		解答記入欄				
問 1	24	①	②	③	④	⑤
	25	①	②	③	④	⑤
	26	①	②	③	④	⑤
問 2	27	①	②	③	④	⑤
問 3	28	①	②	③	④	⑤
問 4	29	①	②	③	④	⑤
問 5	30	①	②	③	④	⑤
問 6	31	①	②	③	④	⑤
問 7	32	①	②	③	④	⑤
問 8	33	①	②	③	④	⑤

名城大学附属高等学校

記入方法

1. 記入は、必ずＨＢの黒鉛筆で、( )の中を正確に、ぬりつぶしてください。
2. 訂正は、プラスチック製消しゴムできれいに消してください。
3. 受験番号は、数字を記入してから間違いのないようにマークしてください。
4. 解答用紙を、折り曲げたり、汚したりしないでください。

良い例	●
悪い例	⦰ ⊙ ◐

答　記　入　欄			
②	③	④	⑤
②	③	④	⑤
②	③	④	⑤
②	③	④	⑤
②	③	④	⑤

4		解　答　記　入　欄				
問１	21	①	②	③	④	⑤
問２	22	①	②	③	④	⑤
問３	23	①	②	③	④	⑤
問４	24	①	②	③	④	⑤
問５	25	①	②	③	④	⑤

答　記　入　欄			
②	③	④	⑤
②	③	④	⑤
②	③	④	⑤
②	③	④	⑤
②	③	④	⑤

名城大学附属高等学校

解答記入欄			
②	③	④	⑤
②	③	④	⑤
②	③	④	⑤
②	③	④	⑤
②	③	④	⑤
②	③	④	⑤

解答記入欄			
②	③	④	⑤
②	③	④	⑤
②	③	④	⑤
②	③	④	⑤
②	③	④	⑤
②	③	④	⑤
②	③	④	⑤
②	③	④	⑤
②	③	④	⑤

記入方法

1. 記入は、必ずＨＢの黒鉛筆で、（ ）の中を正確に、ぬりつぶしてください。
2. 訂正は、プラスチック製消しゴムできれいに消してください。
3. 受験番号は、数字を記入してから間違いのないようにマークしてください。
4. 解答用紙を、折り曲げたり、汚したりしないでください。

良い例	●
悪い例	

7		解答記入欄				
問1	31	①	②	③	④	⑤
問2	32	①	②	③	④	⑤
問3	33	①	②	③	④	⑤
問4	34	①	②	③	④	⑤
問5	35	①	②	③	④	⑤
問6	36	①	②	③	④	⑤
問7	37	①	②	③	④	⑤
問8	38	①	②	③	④	⑤
問9	39	①	②	③	④	⑤

名城大学附属高等学校

記入方法

1. 記入は、必ずＨＢの黒鉛筆で、〇の中を正確に、ぬりつぶしてください。
2. 訂正は、プラスチック製消しゴムできれいに消してください。
3. 受験番号は、数字を記入してから間違いのないようにマークしてください。
4. 解答用紙を、折り曲げたり、汚したりしないでください。

良い例	●
悪い例	⦸ ⊙ ◗

解答記入欄			
②	③	④	⑤
②	③	④	⑤
②	③	④	⑤
②	③	④	⑤
②	③	④	⑤
②	③	④	⑤
②	③	④	⑤
②	③	④	⑤
②	③	④	⑤
②	③	④	⑤
②	③	④	⑤

3		解答記入欄				
問1	19	①	②	③	④	⑤
問2	20	①	②	③	④	⑤
問3	21	①	②	③	④	⑤
問4	22	①	②	③	④	⑤
問5	23	①	②	③	④	⑤
問6	24	①	②	③	④	⑤
問7	25	①	②	③	④	⑤

4		解答記入欄				
問1	26	①	②	③	④	⑤
問2	27	①	②	③	④	⑤
問3	28	①	②	③	④	⑤

名城大学附属高等学校

平成31年度　**社会解答用紙**　(配点非公

受験番号				
	⓪	⓪	⓪	⓪
①	①	①	①	①
②	②	②	②	②
③	③	③	③	③
	④	④	④	④
	⑤	⑤	⑤	⑤
	⑥	⑥	⑥	⑥
	⑦	⑦	⑦	⑦
	⑧	⑧	⑧	⑧
	⑨	⑨	⑨	⑨

学校使用欄

欠

受験生はマークしないでください

フリガナ	
氏　名	

1		解答記入欄				
問1	1	①	②	③	④	⑤
問2	2	①	②	③	④	⑤
問3	3	①	②	③	④	⑤
問4	4	①	②	③	④	⑤
問5	5	①	②	③	④	⑤
問6	6	①	②	③	④	⑤
問7	7	①	②	③	④	⑤

2
問1
問2
問3
問4
問5
問6
問7
問8
問9
問10
問11

平成31年度　**英　語　解　答　用　紙**　(配点非公

学校使用欄

● 欠

受験生はマークしないでください

受験番号				
	⓪	⓪	⓪	⓪
①	①	①	①	①
②	②	②	②	②
③	③	③	③	③
	④	④	④	④
	⑤	⑤	⑤	⑤
	⑥	⑥	⑥	⑥
	⑦	⑦	⑦	⑦
	⑧	⑧	⑧	⑧
	⑨	⑨	⑨	⑨

フリガナ	
氏　名	

1		解答記入欄				
問1	1	①	②	③	④	⑤
問2	2	①	②	③	④	⑤
2		**解答記入欄**				
問1	3	①	②	③	④	⑤
問2	4	①	②	③	④	⑤
3		**解答記入欄**				
問1	5	①	②	③	④	⑤
問2	6	①	②	③	④	⑤
問3	7	①	②	③	④	⑤
問4	8	①	②	③	④	⑤
問5	9	①	②	③	④	⑤
問6	10	①	②	③	④	⑤
4		**解答記入欄**				
問1	11	①	②	③	④	⑤
問2	12	①	②	③	④	⑤
問3	13	①	②	③	④	⑤
問4	14	①	②	③	④	⑤
問5	15	①	②	③	④	⑤

5
A
B
C
D
E
F
6
問1
問2
問3
問4
問5
問6
問7
問8
問9

平成31年度　**理　科　解　答　用　紙**　(配点非公

学校使用欄
●
欠
受験生はマークしないでください

受験番号				
	0	0	0	0
1	1	1	1	1
2	2	2	2	2
3	3	3	3	3
	4	4	4	4
	5	5	5	5
	6	6	6	6
	7	7	7	7
	8	8	8	8
	9	9	9	9

フリガナ	
氏　名	

1		解　答　記　入　欄				
問1	1	①	②	③	④	⑤
問2	2	①	②	③	④	⑤
問3	3	①	②	③	④	⑤
問4	4	①	②	③	④	⑤
問5	5	①	②	③	④	⑤
問6	6	①	②	③	④	⑤
問7	7	①	②	③	④	⑤
問8	8	①	②	③	④	⑤
問9	9	①	②	③	④	⑤
問10	10	①	②	③	④	⑤

2	
問1	11
問2	12
問3	13
問4	14
問5	15

3	
問1	16
問2	17
問3	18
問4	19
問5	20

平成31年度　**国語解答用紙**　(配点非公

受験番号				
	⓪	⓪	⓪	⓪
①	①	①	①	①
②	②	②	②	②
③	③	③	③	③
	④	④	④	④
	⑤	⑤	⑤	⑤
	⑥	⑥	⑥	⑥
	⑦	⑦	⑦	⑦
	⑧	⑧	⑧	⑧
	⑨	⑨	⑨	⑨

学校使用欄

欠

受験生はマークしないでください

フリガナ	
氏　名	

1		解答記入欄					
問1	1	①	②	③	④	⑤	
	2	①	②	③	④	⑤	
	3	①	②	③	④	⑤	
	4	①	②	③	④	⑤	
	5	①	②	③	④	⑤	
問2	6	①	②	③	④	⑤	
	7	①	②	③	④	⑤	
	8	①	②	③	④	⑤	
問3	9	①	②	③	④	⑤	
問4	10	①	②	③	④	⑤	
問5	11	①	②	③	④	⑤	
問6	12	①	②	③	④	⑤	⑥
	13	①	②	③	④	⑤	⑥
	14	①	②	③	④	⑤	⑥

問
問
問
問1
問1
問1
問1
問1

平成31年度　**数学解答用紙**　(配点非公

学校使用欄

欠

受験生はマークしないでください

受験番号				
	0	0	0	0
1	1	1	1	1
2	2	2	2	2
3	3	3	3	3
	4	4	4	4
	5	5	5	5
	6	6	6	6
	7	7	7	7
	8	8	8	8
	9	9	9	9

フリガナ	
氏　名	

1		解答記入欄
(1)	ア	- 0 1 2 3 4 5 6 7 8 9
	イ	- 0 1 2 3 4 5 6 7 8 9
(2)	ウ	- 0 1 2 3 4 5 6 7 8 9
	エ	- 0 1 2 3 4 5 6 7 8 9
(3)	オ	- 0 1 2 3 4 5 6 7 8 9
	カ	- 0 1 2 3 4 5 6 7 8 9
	キ	- 0 1 2 3 4 5 6 7 8 9
(4)	ク	- 0 1 2 3 4 5 6 7 8 9
(5)	ケ	- 0 1 2 3 4 5 6 7 8 9
	コ	- 0 1 2 3 4 5 6 7 8 9
	サ	- 0 1 2 3 4 5 6 7 8 9
(6)	シ	- 0 1 2 3 4 5 6 7 8 9
	ス	- 0 1 2 3 4 5 6 7 8 9
	セ	- 0 1 2 3 4 5 6 7 8 9

2

(1)

(2)

(3)

3

4

(1)

(2)

(3)

問9　ドイツでワイマール憲法が制定されるより前の日本の出来事として、①～⑤の中から、最も適当なものを選び、その番号をマークしなさい。

解答番号は 16 です。

① シベリア出兵を見こした米の買いしめから、米の値段が大幅に上がった。

② 金融恐慌が起こった。

③ 第二次護憲運動が起こった。

④ 加藤高明内閣が、普通選挙法を成立させた。

⑤ 東京、名古屋、大阪でラジオ放送が始まった。

問10　国際連盟に関する記述として、①～⑤の中から、最も適当なものを選び、その番号をマークしなさい。

解答番号は 17 です。

① アメリカのフランクリン・ローズベルト大統領の提案を基にして、日本も含む、42か国が参加して発足した。

② ジュネーブに本部を置き、イギリス、フランス、アメリカが常任理事国になった。

③ 本部の事務局次長として、新渡戸稲造が活躍した。

④ ソ連は1926年に、ドイツは1934年に加盟が認められた。

⑤ 国際連盟を脱退した後、日本は満州事変を起こした。

問11　第二次世界大戦後のアメリカとソ連の動きに関する記述として、①～⑤の中から、最も適当なものを選び、その番号をマークしなさい。

解答番号は 18 です。

① 北緯17度線を境に、南北に分かれたベトナムでは、ソ連は南ベトナム政府を、アメリカは北ベトナム政府を支持して対立した。

② アメリカは西ヨーロッパ諸国とワルシャワ条約機構という軍事同盟を結び、ソ連も数年後に北大西洋条約機構という軍事同盟を結んだ。

③ 朝鮮半島は、北緯38度線を境に、北はアメリカ軍、南はソ連軍に占領され、南北にそれぞれ国家が樹立された。

④ アメリカのケネディ大統領が、キューバの海上封鎖に踏み切ったことにより、米ソ両国間で、核兵器による全面戦争の危機が高まった。

⑤ 1989年にマルタ島で開かれた会談で、アメリカのニクソン大統領とソ連のゴルバチョフ共産党書記長が、冷戦の終結を宣言した。

3 次の**問1**～**問7**に答えなさい。

問1 日本国憲法に定められた天皇の国事行為として、①～⑤の中から、最も適当なものを選び、その番号をマークしなさい。

解答番号は 19 です。

① 国会を召集する。
② 両院協議会を設置する。
③ 内閣総理大臣を指名する。
④ 国際親善のために外国を訪問する。
⑤ 憲法改正案を国民に発議する。

問2 政党政治に関する記述として、①～⑤の中から、最も適当なものを選び、その番号をマークしなさい。

解答番号は 20 です。

① 二大政党制は、二つの大きな政党が競い合う政党政治のことで、政権交代による緊張感があるという長所がある。
② 二大政党制は、アメリカや中国で見られる。
③ 二大政党制のもとでは、連立政権（連立内閣）がつくられることが多い。
④ 多党制は、主な政党が三つ以上ある政党政治のことで、一般的に小選挙区制の国で生じやすい。
⑤ 多党制は、日本やイギリスで見られる。

問3　日本の司法制度に関する記述として、①～⑤の中から、最も適当なものを選び、その番号をマークしなさい。

解答番号は［21］です。

① 国や地方公共団体による権力の行使によって、国民に被害が及んだり、権利が侵された場合、その行政機関を相手に起こす裁判を、弾劾裁判という。

② 裁判は原則として公開の法廷で行われ、選挙権をもつ国民にかぎり自由に傍聴できる。

③ すべての裁判所には、法律や規則が憲法に違反していないかを判断する権限である違憲立法審査権が与えられている。

④ 高等裁判所で行われる刑事裁判では、裁判への信頼を深めることを目的として、国民が裁判官とともに裁判を行う裁判員制度が実施されている。

⑤ 民事裁判は法律の定める手続きに従うことが重要とされ、罪刑法定主義を定めている。

問4　日本で行われた行政改革のうち、企業の自由な経済活動をうながす規制緩和によって可能となった事例に該当するものの組み合わせとして、①～⑤の中から、最も適当なものを選び、その番号をマークしなさい。

解答番号は［22］です。

A　クーリング・オフ制度が定められ、訪問販売などによって商品を購入した場合、一定の期間内であれば、理由に関わりなく契約を解除することが可能となった。

B　客が自分で給油を行うセルフ式ガソリンスタンドの設置が可能となった。

C　一定の資格を持つ人がいれば、コンビニエンスストアでも一般の風邪薬などを販売することが可能となった。

D　コンビニエンスストアにおいて、廃棄にかかる負担を軽減するため値引き販売が可能となった。

E　電車に乗る際、現金以外でも、ICカードや携帯電話を用いた電子マネーによる支払いが可能となった。

① A・D・E

② B・C・D

③ B・D・E

④ A・E

⑤ B・C

問5　現在の日本の雇用やその問題に関する記述として、①～⑤の中から、最も適当なものを選び、その番号をマークしなさい。

解答番号は **23** です。

① 経済のグローバル化が進み、競争が激しくなるにつれて、終身雇用や年功序列賃金を採用する企業が増えてきた。

② 労働時間が先進工業国の中でも長いため、労働時間を減らし、仕事と家庭生活や地域生活とを両立できる「ノーマライゼーション」を実現することが課題になっている。

③ 企業は、人件費を節約し、経済状況の変化に応じて雇用を調整しやすいパートタイム労働者や派遣労働者などの非正規労働者を増やすようになった。

④ 若い人たちの中には、なんらかの理由で就学や就業の意欲そのものを失った「ワーキングプア」とよばれる人たちがいる。

⑤ 企業が雇用する女性の数は雇用者全体の４割を超えており、女性の正社員の割合は増え続けている。

問6　下の文章は、株式会社について述べたものである。文章中の空欄〔 A 〕～〔 C 〕に当てはまることばの組み合わせとして、①～⑤の中から、最も適当なものを選び、その番号をマークしなさい。

解答番号は 24 です。

> 株式会社は、株式の発行によって得られた資金をもとに設立される。この資金は、〔 A 〕によって調達されるため、直接金融とよばれる。株式を購入した出資者は株主とよばれ、利潤の一部を配当として受け取ることができる。また、株主総会に出席し、経営方針について議決することができる。万が一、事業がうまくいかずに株式会社が倒産した場合、株主は〔 B 〕。これを有限責任という。
>
> 株価は需要と供給の関係で決まるため、上昇・下落をする。投資家は〔 C 〕をすることで、その差額を利益として得ることができる。保険会社や年金基金などは、こうした差額の利益を活用することで、集めたお金を上回る給付を行おうとしている。

① 〔A〕証券市場を通じて、家計などから調達する方式
〔B〕出資した金額以上の負担は負わない
〔C〕株価が値上がりしたときに株式を購入し、株価が安いときに売却

② 〔A〕証券市場を通じて、家計などから調達する方式
〔B〕出資した金額以上の負担は負わない
〔C〕株価が値上がりしたときに株式を売却し、株価が安いときに購入

③ 〔A〕証券市場を通じて、家計などから調達する方式
〔B〕持ち株数に応じて会社の借金を分担して返す義務が生じる
〔C〕株価が値上がりしたときに株式を売却し、株価が安いときに購入

④ 〔A〕銀行を通じて、家計などからの預金を貸し付けてもらう方式
〔B〕持ち株数に応じて会社の借金を分担して返す義務が生じる
〔C〕株価が値上がりしたときに株式を購入し、株価が安いときに売却

⑤ 〔A〕銀行を通じて、家計などからの預金を貸し付けてもらう方式
〔B〕持ち株数に応じて会社の借金を分担して返す義務が生じる
〔C〕株価が値上がりしたときに株式を売却し、株価が安いときに購入

問7　名城太郎さんは、公民の教科書にいくつかの難しい用語があったため、調べることにした。以下の表はそれについてまとめたものである。表中の空欄〔 A 〕～〔 D 〕に当てはまる語の組み合わせとして、①～⑤の中から、最も適当なものを選び、その番号をマークしなさい。

解答番号は 25 です。

用　語	説　明　文
〔 A 〕	情報通信技術のことである。近年では、この技術の発達により、原材料の調達から生産、製品の貯蔵、配送、販売に至る物流を、コンピューターを使って効率よく、一体的に管理することが見られる。
〔 B 〕	アジア太平洋地域の国が参加して経済活動や他のさまざまな問題について、互いに協力を行いやすくするためのしくみで、アジア太平洋経済協力会議のことである。
UNICEF	国連機関のひとつで、主な活動内容は〔 C 〕である。
ODA	発展途上国の経済や福祉の向上のために、さまざまな技術の協力や資金の援助をする、政府開発援助のことである。青年海外協力隊の派遣もそのひとつ。日本のODAは〔 D 〕への支出が最も多い。

①〔A〕ICT　〔B〕ASEAN　〔C〕文化・教育の振興　〔D〕アフリカ

②〔A〕ICT　〔B〕APEC　〔C〕子どもたちの権利を守ること　〔D〕アジア

③〔A〕ICT　〔B〕ASEAN　〔C〕子どもたちの権利を守ること　〔D〕アフリカ

④〔A〕EPA　〔B〕ASEAN　〔C〕子どもたちの権利を守ること　〔D〕アジア

⑤〔A〕EPA　〔B〕APEC　〔C〕文化・教育の振興　〔D〕アフリカ

4 朝鮮で三・一独立運動が、中国で五・四運動が起こってから2019年で100年になる。朝鮮半島や中国を含む東アジアに関連する次の**問1**～**問3**に答えなさい。

問1 東アジア地域の経済の発展に関する記述として、①～⑤の中から、最も適当なものを選び、その番号をマークしなさい。

解答番号は 26 です。

① ホンコンは、1960年代から急速に工業化に成功し、台湾・モンゴル・シンガポールとともにアジアNIES（新興工業経済地域）と呼ばれるようになった。

② 台湾は、アメリカで働いていた人々が台湾に戻り新しく企業をおこしたことをきっかけに、コンピューターや半導体などのハイテク産業が盛んな地域となった。

③ 北朝鮮では、政府の積極的な政策により、大企業が資金を借りやすくなり、働く人々の賃金は低くおさえられ、国際的な競争力をもつ安い製品が生産できるようになった。

④ 韓国では、工場や農場を集団化し、政府による計画に従って国づくりが行われた。

⑤ 中国では、2000年代から本格的な改革を進め、北京（ペキン）や厦門（アモイ）などに、外国企業を受け入れる経済特区が初めて設けられた。

問2 三・一独立運動、五・四運動の内容とその後の東アジアの歴史に関する記述として、①～⑤の中から、最も適当なものを選び、その番号をマークしなさい。

解答番号は 27 です。

① 1919年３月１日、平壌で朝鮮の独立が宣言され、独立を求める運動が朝鮮全土に広がったが、関東軍がこれを軍隊や警察の力でおさえつけたため運動は激しくなった。

② 三・一独立運動後、日本政府は日本への同化政策をやめ、統治の方針を転換した。

③ 中国はパリ講和会議により、山東省でのフランスの権益が返還されると期待していたが、日本が権益を受け継ぐことが決まると1919年５月４日、北京の学生たちが反日運動を起こした。

④ 五・四運動ののち、孫文は中国国民党をつくり、1921年に結成された中国共産党と協力して国家の統一を目ざした。

⑤ 孫文の死後、実権を握った蒋介石は、北京に国民政府をつくった。

問3　東アジアの国々と日本には領土をめぐる問題がある。国家や領土に関する記述として、①〜⑤の中から、最も適当なものを選び、その番号をマークしなさい。
解答番号は **28** です。

①　国家は国民、領域、憲法によって成り立っている。

②　日本の南端に位置する島は、南鳥島である。

③　第二次世界大戦後、植民地だった多くの国が独立した。こうした国々は平等な独立国で、他国による国内政治への干渉は許されない。これを内政不干渉の原則という。

④　色丹島、千島列島、国後島、択捉島は北方領土とよばれ、日本は北方領土の返還をロシアに要求している。

⑤　国際的なルールでは、海岸線から12海里以内を排他的経済水域と定め、沿岸国がその資源を利用できる。

6 英文を読み、あとの問いに答えなさい。

In 1994, Nelson Mandela became the first black president of South Africa. He ended *apartheid, but blacks and whites still did not *trust each other. Mandela needed something to *unite the whole nation. In 1995, the Rugby World Cup was coming to South Africa. He decided to make use of (1) it.

Mandela met with Francois Pienaar, captain of the national rugby team. When the president said, "Sports can bring peace to our nation," Pienaar (2), "We must win the World Cup!"

Black people did not support the Springboks, the national rugby team. In South Africa, (3) (that rugby / sport / for / people thought / was a / white people).

(4) Moreover, the Springboks did not have much experience in international games. People did not think that (5) they would do well in the World Cup.

But, Mandela believed in the team. He called the team members "his sons." He told black people, "Let's support the Springboks. They are our team. All *races must work together to build a new country."

The World Cup began. To people's surprise, the Springboks kept (6) games. More and more black people began to support the team.

On the day of the *final, the audience at the stadium saw that Mandela was encouraging the team. He was wearing Springboks clothes. South Africans of all races were (7) their president, team, and country.

The game was very difficult, but in the end the Springboks won! Everyone *shared in their pleasure. At that time, the new South Africa was born.

(adapted from *COMET English Communication II, SUKEN SHUPPAN*)

*apartheid：アパルトヘイト（人種隔離政策）　*trust：信用する
*unite the whole nation：国中をまとめる　*races：人種　*final：決勝戦
*share in：分かち合う

問1　下線部 (1) が具体的に指すものはどれですか。①～⑤の中から、最も適当なものを選び、その番号をマークしなさい。

解答番号は 22 です。

① South Africa　② the whole nation　③ the Rugby World Cup
④ Mandela　⑤ apartheid

問2　（ 2 ）に入る表現として正しいものはどれですか。①～⑤の中から、最も適当なものを選び、その番号をマークしなさい。

解答番号は 23 です。

① falls　② feels　③ fell　④ felt　⑤ feeling

問3　下線部 (3) の語（句）を意味の通るように並べかえた場合、（　　）内での順番が3番目と5番目になるものの組み合わせとして正しいものはどれですか。①～⑤の中から、最も適当なものを選び、その番号をマークしなさい。

解答番号は 24 です。

① 3番目：white people　／ 5番目：was a
② 3番目：was a　／ 5番目：that rugby
③ 3番目：was a　／ 5番目：for
④ 3番目：white people　／ 5番目：for
⑤ 3番目：people thought　／ 5番目：that rugby

問4　文脈から判断して、下線部 (4) の単語の意味としてふさわしいものはどれですか。①～⑤の中から、最も適当なものを選び、その番号をマークしなさい。

解答番号は 25 です。

① しかし　② そのため　③ つまり　④ 逆に　⑤ その上

問5　下線部 (5) が具体的に指すものはどれですか。①～⑤の中から、最も適当なものを選び、その番号をマークしなさい。

解答番号は 26 です。

① much experience　② people　③ international games
④ all races　⑤ the Springboks

問6　(　6　) に入る表現として正しいものはどれですか。①～⑤の中から、最も適当なものを選び、その番号をマークしなさい。

解答番号は 27 です。

① winning　② win in　③ for winning　④ to winning　⑤ to win

問7　(　7　) に入る表現として正しいものはどれですか。①～⑤の中から、最も適当なものを選び、その番号をマークしなさい。

解答番号は 28 です。

① afraid of　② added to　③ proud of
④ passed on　⑤ full of

問8　本文の表題としてふさわしいものはどれですか。①～⑤の中から、最も適当なものを選び、その番号をマークしなさい。

解答番号は 29 です。

① Let's learn rugby rules
② Enjoy the Rugby World Cup
③ World dangerous sports
④ The Rugby team for black people
⑤ Win for our nation

問9　本文の内容に合っているものはどれですか。①～⑤の中から、最も適当なものを選び、その番号をマークしなさい。

解答番号は 30 です。

① After the Springboks won the final, Nelson Mandela became the first black president of South Africa.

② Francois Pienaar was the best rugby player in the world.

③ Black people didn't support the Springboks because they didn't know the rugby rules.

④ Though the Springboks joined the World Cup, the team soon lost the game.

⑤ On the day of the final of the Rugby World Cup, Nelson Mandela wore Springboks clothes.

7 英文を読み、あとの問いに答えなさい。

(ア) Germs are everywhere. You can't see them, but they are on your table, on your computer, and even in the air!

Like people, germs move around the world. They fly with us on airplanes. When food, clothes, and other things travel around the world, germs travel, (1). Some germs are (2), but some are dangerous. Germs become the cause of diseases like the *flu.

Warmer Weather Brings Germs

The world's weather is changing. Cooler countries are getting warmer, so *insects from hot countries can move (3) there. Some of these (4), like *mosquitoes, carry dangerous *viruses. Because of these viruses, people suffer from headaches, fever and so on. Sometimes they can even kill people.

Under Your *Skin

Your skin protects you from germs.

㋐ They come into your body when you touch your eyes, nose, or mouth with them.
㋑ Germs are on your hands, too.
㋒ They can come into your body when you get injured, or when you cut your skin.
㋓ It stops some germs, but not all.

Fighting Germs

Your *immune system protects you, too. When germs come into your body, your immune system finds and kills them. Special *cells move around your body and fight germs. They work well, so you can keep healthy. Other cells make (イ) antibodies. Antibodies can find and stop germs.

(5) You should wash your hands with *soap and water. Soap kills many germs, and water washes them away.

(adapted from *Time Zones student book 2, NATHIONAL GEOGRAPHIC*)

*flu：インフルエンザ	*insects：虫	*mosquitoes：蚊	*viruses：ウイルス
*skin：皮膚	*immune system：免疫システム	*cells：細胞	*soap：せっけん

問1　文脈から判断して、(　1　) に入る語（句）として正しいものはどれですか。①～⑤の中から、最も適当なものを選び、その番号をマークしなさい。

解答番号は **31** です。

① much earlier　② once　③ yet
④ too　⑤ again

問2　文脈から判断して、(　2　) に入る語として正しいものはどれですか。①～⑤の中から、最も適当なものを選び、その番号をマークしなさい。

解答番号は **32** です。

① delicious　② small　③ impressive
④ developing　⑤ safe

問3　下線部 (3) が具体的に指すものはどれですか。①～⑤の中から、最も適当なものを選び、その番号をマークしなさい。

解答番号は **33** です。

① everywhere　② cooler countries　③ the air
④ the world　⑤ warmer countries

問4　文脈から判断して、(　4　) に入る語として正しいものはどれですか。①～⑤の中から、最も適当なものを選び、その番号をマークしなさい。

解答番号は **34** です。

① insects　② countries　③ mosquitoes
④ viruses　⑤ people

問5 ㋐～㋓の英文を意味が通るように並べかえる場合、正しいものはどれですか。①～⑤の中から、最も適当なものを選び、その番号をマークしなさい。

解答番号は 35 です。

① ㋓ → ㋑ → ㋒ → ㋐
② ㋓ → ㋐ → ㋒ → ㋑
③ ㋐ → ㋓ → ㋒ → ㋑
④ ㋐ → ㋑ → ㋒ → ㋓
⑤ ㋓ → ㋒ → ㋑ → ㋐

問6 文脈から判断して、下線部（ア）の単語の意味としてふさわしいものはどれですか。①～⑤の中から、最も適当なものを選び、その番号をマークしなさい。

解答番号は 36 です。

① 窒素　② ほこり　③ 紫外線　④ 電磁波　⑤ 細菌

問7 文脈から判断して、下線部（イ）の単語の意味としてふさわしいものはどれですか。①～⑤の中から、最も適当なものを選び、その番号をマークしなさい。

解答番号は 37 です。

① 赤血球　② 抗体　③ 酸素　④ 粘膜　⑤ 血小板

問8 （ 5 ）に入る表現として正しいものはどれですか。①～⑤の中から、最も適当なものを選び、その番号をマークしなさい。

解答番号は 38 です。

① What do you fight germs?
② Why can't you do to fight germs?
③ Why don't you do to fight germs?
④ What can you fight germs?
⑤ What can you do to fight germs?

問 9　本文の内容に合っているものはどれですか。①～⑤の中から、最も適当なものを選び、その番号をマークしなさい。

解答番号は［39］です。

① Germs cannot travel around the world by airplane.

② Warmer countries are getting cooler.

③ You should not eat a lot because germs can come into your body.

④ You need to clean your hands to fight germs.

⑤ Only mosquitoes carry dangerous viruses.

【実験4】

図4のように，【実験3】で用いた装置の斜面の角度を大きく変更し，同様の実験を行いました。ただし，台車を置く点はP点と同じ高さのQ点にします。

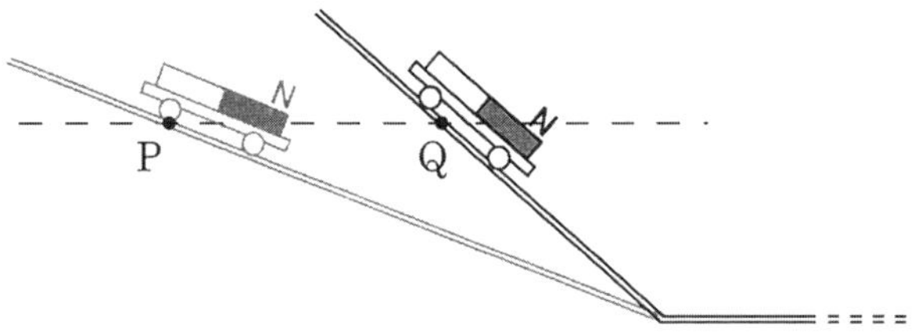

図4

問5　コイル1を通り抜けるときの検流計の針のふれは，【実験3】と比べてどのようになりますか。①～⑤の中から，最も適当なものを選び，その番号をマークしなさい。

解答番号は 15 です。

① 針がふれてから0になる時間も，ふれの大きさもどちらも変わらない。

② 針がふれてから0になる時間は短くなり，ふれの大きさは小さくなる。

③ 針がふれてから0になる時間は短くなり，ふれの大きさは大きくなる。

④ 針がふれてから0になる時間は長くなり，ふれの大きさは小さくなる。

⑤ 針がふれてから0になる時間は長くなり，ふれの大きさは大きくなる。

〈計　算　用　紙〉

3 次の各問いに答えなさい。

【実験１】

鉄の粉末と硫黄の粉末の混合物を試験管に入れ，ガスバーナーで加熱しました。混合物が赤色に変化し始めたところで加熱をやめても，その変化は続きました。変化が終わると，黒色の物質である硫化鉄が生じました。下図は，鉄の粉末と硫黄の粉末の両方が全て残らず反応したときの，鉄の粉末と硫黄の粉末の質量の関係を表したグラフである。

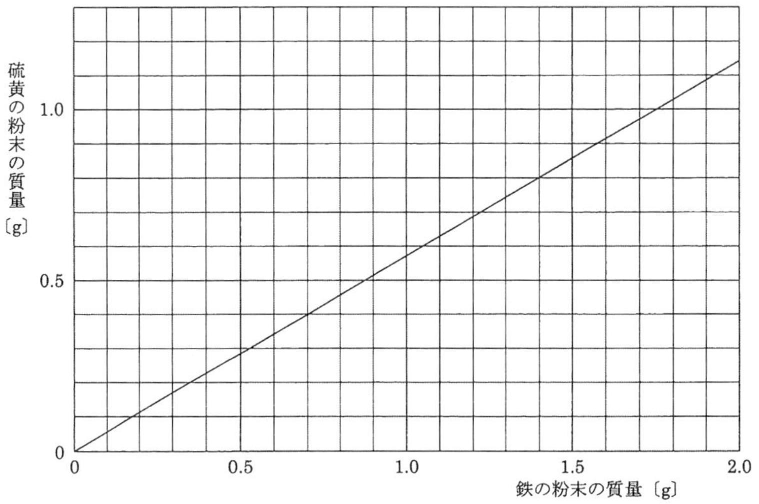

問１　鉄の粉末3.5 gと硫黄の粉末2.4 gの混合物を加熱し，いずれか一方の物質が全て残らずに反応したとき，生じる硫化鉄の質量は何 gですか。①～⑤の中から，最も適当なものを選び，その番号をマークしなさい。

解答番号は［16］です。

①　2.0　　②　3.5　　③　3.9　　④　5.5　　⑤　5.9

問２　**問１**で反応せずに残った物質を全て反応させるためには，全て残らず反応した物質を何 g加えて再び加熱すればいいですか。①～⑤の中から，最も適当なものを選び，その番号をマークしなさい。

解答番号は［17］です。

①　0.4　　②　0.7　　③　1.0　　④　2.4　　⑤　3.5

【実験2】

気体A～Eの性質を調べるために，下の**操作1～3**を行いました。気体A～Eは，水素，酸素，二酸化炭素，窒素，アンモニアのいずれかです。

〈操作1〉

気体A～Eを別々に一種類ずつ取った注射器に，それぞれ少量の水をいれ，密閉してよく振ったところ，気体Aと気体Bの体積が減少したことがわかりました。

〈操作2〉

気体A～Eを別々に一種類ずつ取った試験管に，それぞれ水で湿らせた青色リトマス紙を入れたところ，気体Aに入れたものだけが赤色になりました。

〈操作3〉

気体C～Eを別々に一種類ずつ取った試験管を用意して気体C，Dの中にそれぞれ火のついた線香を入れたところ，気体Cでは炎を上げて燃えたが，気体Dでは火が消えました。気体Eにマッチの火を近づけたところポンと音をたてて燃えました。

問3　気体Bの作り方を示した文として正しいものはどれですか。①～⑤の中から，最も適当なものを選び，その番号をマークしなさい。

解答番号は **18** です。

① 硫化鉄にうすい塩酸を加える。

② 炭酸水素ナトリウムを加熱する。

③ 亜鉛にうすい塩酸を加える。

④ 塩化アンモニウムと水酸化カルシウムを混合して加熱する。

⑤ 二酸化マンガンにうすい過酸化水素水を加える。

問4　気体Dについて述べた文として正しいものはどれですか。①～⑤の中から，最も適当なものを選び，その番号をマークしなさい。

解答番号は **19** です。

① 黄緑色の気体である。

② 刺激臭がある。

③ 水上置換法で気体を集める。

④ 殺菌作用や漂白作用がある。

⑤ 石灰水を白く濁らせる。

問5　次の表は，**操作1～3**で用いた気体について，20℃における1000 cm^3の質量をそれぞれ示したものです。20℃における空気500 cm^3の質量は何gになりますか。①～⑤の中から，最も適当なものを選び，その番号をマークしなさい。ただし，計算には下表の値を用い，空気は窒素が80%，酸素が20%の割合で存在しているものとします。

解答番号は **20** です。

	水素	窒素	酸素	二酸化炭素	アンモニア
1000 cm^3の質量［g］	0.08	1.16	1.33	1.84	0.72

① 0.50　② 0.60　③ 0.87　④ 1.09　⑤ 1.19

4 植物のはたらきを調べるために，次のような【実験１】，【実験２】を行いました。次の各問いに答えなさい。

【実験１】

試験管Ａ～Ｅを用意し，光の当たらないところに１日置いたほぼ同じ大きさのオオカナダモを試験管Ｂ，Ｃ，Ｅに入れました。うすい青色のBTB溶液に息を十分にふきこんで緑色にした溶液を全ての試験管に入れ，すぐにゴム栓をしました。試験管Ｃはガーゼで全体をおおい，試験管Ｄ，Ｅはアルミニウムはくで全体をおおいました。全ての試験管を光が十分に当たる場所に数時間置いた後，ＢＴＢ溶液の色を調べました。下表は，その結果です。ただし，実験中の全ての試験管の水温は20℃に保たれていたとします。

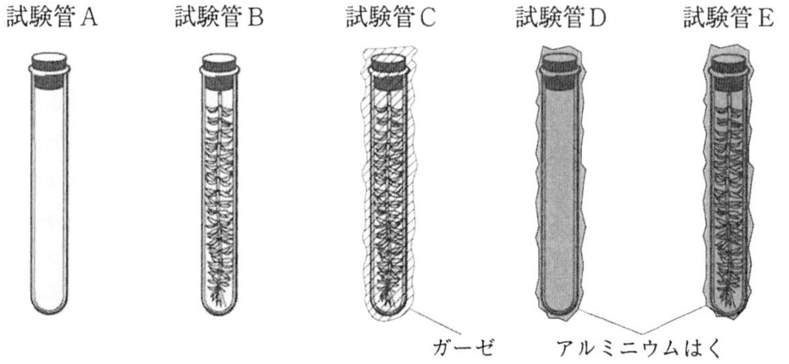

試験管	Ａ	Ｂ	Ｃ	Ｄ	Ｅ
BTB溶液の色	緑色	青色	緑色	緑色	黄色

問１ 試験管Ｂ，Ｃ，Ｅの中で行われたオオカナダモのはたらきの組み合わせとして正しいものはどれですか。①～⑤の中から，最も適当なものを選び，その番号をマークしなさい。解答番号は［21］です。

	試験管Ｂ	試験管Ｃ	試験管Ｅ
①	光合成と呼吸	光合成と呼吸	光合成と呼吸
②	光合成と呼吸	光合成と呼吸	呼吸のみ
③	光合成と呼吸	呼吸のみ	呼吸のみ
④	呼吸のみ	呼吸のみ	光合成と呼吸
⑤	呼吸のみ	光合成と呼吸	呼吸のみ

問2　試験管B，Cについて，【実験1】の結果の理由を示した文の組み合わせとして正しいものはどれですか。①～⑤の中から，最も適当なものを選び，その番号をマークしなさい。
解答番号は［22］です。

ア　オオカナダモが二酸化炭素を吸収しただけであったから。

イ　オオカナダモが二酸化炭素を排出しただけであったから。

ウ　オオカナダモが吸収した二酸化炭素の量は，排出した二酸化炭素の量よりも多かったから。

エ　オオカナダモが吸収した二酸化炭素の量は，排出した二酸化炭素の量よりも少なかったから。

オ　オオカナダモが吸収した二酸化炭素の量と，排出した二酸化炭素の量がほぼ同じだったから。

	試験管B	試験管C
①	ア	オ
②	ウ	イ
③	ウ	オ
④	エ	ウ
⑤	エ	オ

問3　【実験1】の後，試験管B，C，Eからオオカナダモを取り出し，煮沸しました。その後，オオカナダモの葉にヨウ素液をたらしました。このとき，青紫色に変化したオオカナダモの試験管はどれですか。①～⑤の中から，最も適当なものを選び，その番号をマークしなさい。
解答番号は［23］です。

①　B　　②　C　　③　E　　④　BとC　　⑤　CとE

【実験２】

【実験１】とは別の新たな試験管Ｆ～Ｉを用意し，試験管Ｇ，Ｉは全体をアルミニウムはくでおおい，試験管Ｆ，Ｇ，Ｉには光の当たらないところに１日置いたほぼ同じ大きさのオオカナダモと水をそれぞれ入れました。試験管Ｆ，Ｇ，Ｈには，息を十分にふきこみましたが，試験管Ｉには何もしませんでした。すぐにゴム栓をし，全ての試験管を光が十分に当たる場所に数時間置いた後，試験管内に酸素が発生するかどうかを確認しました。ただし，実験中の全ての試験管の水温は20℃に保たれていたとします。

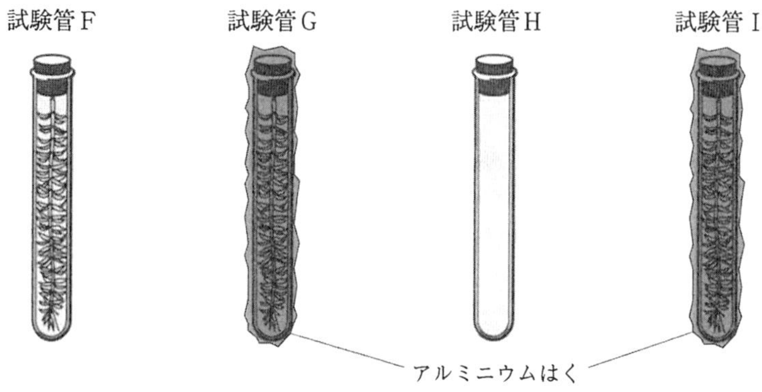

【実験２】の結果により，次のような考察を行いました。

> 【実験２】は，光合成に必要な要素が一つでも不足すると反応が進まないことを確かめる実験であるが，このままでは（　Ｘ　）ということが確認できないことに気がついた。そこで，試験管Ｇ～Ｉのうち，試験管（　Ｙ　）について（　Ｚ　）こととし，再度【実験２】と同様の実験を行うことにした。その結果，試験管Ｆでは酸素の発生が観察でき，他の試験管では試験管Ｆと同程度の酸素の発生が見られないとすれば，この実験の目的を達成できたといえる。

問４　（　Ｘ　）に入る文として正しいものはどれですか。①～⑤の中から，最も適当なものを選び，その番号をマークしなさい。

解答番号は 24 です。

① 植物がないと反応が進まない。

② 十分な光がないと反応が進まない。

③ 二酸化炭素がないと反応が進まない。

④ 酸素がないと反応が進まない。

⑤ 水がないと反応が進まない。

問5　（　Y　），（　Z　）に入る組み合わせとして正しいものはどれですか。①～⑤の中から，最も適当なものを選び，その番号をマークしなさい。

解答番号は **25** です。

	Y	Z
①	G	オオカナダモを入れない
②	G	息を十分にふきこまない
③	H	試験管全体をアルミニウムはくでおおう
④	H	息を十分にふきこまない
⑤	I	アルミニウムはくをはがす

問8　傍線部Ｅ「今ここで人間らしさを問うことには、大きな意味があると考えています」とありますが、筆者はなぜ「人間らしさ」を問うことに「大きな意味」があると考えているのですか。その説明として最も適当なものを、①～⑤の中から選び、その番号をマークしなさい。

解答番号は 16 です。

① 「人間らしさ」を問うことで、本質主義の立場の人たちを説得し、理解させることにつながると確信しているから。

② 「人間らしさ」を問うことで、一人一人の人間が自分とは何かを考え、自分らしい生き方を発見することになるから。

③ 「人間らしさ」を問うことで、宗教間の対立は大きく減少し、人間らしい社会を築くためのきっかけに繋《つな》がるから。

④ 「人間らしさ」を問うことで、本質主義の弱点を補い、構築主義との関係性もよくなると考えているから。

⑤ 「人間らしさ」を問うことで、「人間らしさ」の対立が引き起こした悲劇を解決する可能性があると考えているから。

問9　傍線部Ｆ「科学技術に対する過剰な信仰や、敗者を切り捨てる新自由主義的な市場状況や、人間が道具のように扱われている労働環境」とありますが、これを説明した具体例として**明らかに間違っているもの**を、①～⑤の中から一つ選び、その番号をマークしなさい。

解答番号は 17 です。

① コンピュータテクノロジーなどの科学技術を絶対的なものとみなして信じること。

② ＡＩなどの技術に対して、度を超えた信頼をおくということ。

③ 自由にビジネスを展開して失敗しても、救われることのない市場状況であること。

④ 労働者は会社の道具のようなものであり、使えなくなったら切り捨てられること。

⑤ 会社が人間に機械やコンピュータなどを持たせ、自由に操作させ利益を上げること。

問5　傍線部C「本質主義」、D「構築主義」とありますが、「本質主義」と「構築主義」の説明として最も適当なものを、①～⑤の中から選び、その番号をマークしなさい。解答番号は 11 です。

① 「本質主義」は、男という性のなかに本質的に男らしさがあるという考え方である。一方、「構築主義」は、時代や文化を超えた男らしさの本質は存在しないという考え方である。

② 「本質主義」は、男性がもともとたくましい体つきであり、一般的な男性のイメージに近い存在であるという考え方である。一方、「構築主義」は、体を鍛《きた》えることによって男らしさを獲得するという考え方である。

③ 「本質主義」は、異なる立場の考えを安易に受け入れることができないという考え方である。一方、「構築主義」は、異なる立場の考え方を受け入れるようにしつつ、反論をいくつか用意するという考え方である。

④ 「本質主義」は、男という性のなかに本質的に男らしさがあるという考え方である。一方、「構築主義」は、男らしさについて、立場が異なる考え方をもつ人に対して厳しい態度で接するという考え方である。

⑤ 「本質主義」は、社会学者が男らしさなどの人間像を絶対的なものとして決めていくという考え方である。一方、「構築主義」は、時代や民族によって男らしさなどの物事の捉え方が違うという考え方である。

問6　空欄Ⅰ～Ⅲに入る言葉を、①～⑥の中からそれぞれ一つずつ選び、その番号をマークしなさい。ただし、同じ番号を二度以上選ぶことはできません。
解答番号はⅠが 12 、Ⅱが 13 、Ⅲが 14 です。

① はたして　② たとえば　③ もちろん　④ たとえ
⑤ しかし　⑥ 一方

問7　波線部ア～オは人間についての考え方ですが、一つだけ立場が**異なっているもの**があります。異なっているものを、①～⑤の中から一つ選び、その番号をマークしなさい。
解答番号は 15 です。

① ア　② イ　③ ウ　④ エ　⑤ オ

Z　茫然《ぼうぜん》とする
① 今の自分に焦りを感じる。
② 物事の本質を考え抜く。
③ 自分の過去を振り返る。
④ ある一点を見続ける。
⑤ 気抜けしたようにぼんやりする。

問3　空欄**A**には次の文①～⑤が入ります。文章の意味が通るように正しく並び替えた時、**3番目にくるもの**を、①～⑤の中から選び、その番号をマークしなさい。
解答番号は 9 です。

① ですから、人間らしさとはこういうことであり、こういう部分は人間らしくないと言ってしまうと人間らしさを一つの考え方に固定することになり、トータルな視座を見失う危険が伴います。
② 文化によっても異なるし、社会によってもさまざまな定義があります。
③ というのも、人間らしさを考えるためには、まずその前提として人間とは何かという定義を決めて、その定義に照らして人間らしいか否かを導く必要があるからです。
④ 人間の歴史を振り返ると千差万別の人間の定義があり、現在の社会にも多種多様な人間像が存在しています。
⑤ しかし、人間をどのように定義するかについては、個々人によって相当違います。

問4　傍線部**B**「男であることから帰納的に男らしさが論じられている」とあるが、それはどういうことですか。その説明として最も適当なものを、①～⑤の中から選び、その番号をマークしなさい。
解答番号は 10 です。

① 男であるという不確実な経験をもとに、多種多様な男らしさを規定していくということ。
② 男であるという事実をもとに、一般的に男とはどういうものかを述べていくということ。
③ 男であるという前提をもとに、男らしさについて推論していくということ。
④ 男であるという確かな定義をもとに、普遍的な男性像を確定していくということ。
⑤ 男であるという一般的な判断をもとに、その時代の男らしさについて考察していくということ。

c　フカンヨウ

① 水ヨウエキを注ぐ。
② 頑丈なヨウキが潰れる。
③ 難解なヨウゴを口にする。
④ 講演のヨウシを述べる。
⑤ 真っ赤なタイヨウが西に沈む。

d　シヒョウ

① 成績がヒョウジュンを上回る。
② スケートでヒョウジョウを滑る。
③ 気の毒そうなヒョウジョウで謝る。
④ 船が無人島にヒョウチャクする。
⑤ 交易船が海賊にヒョウヘンする。

e　イギ

① 注意深くシュウイを見渡す。
② 新しいイミ付けを考える。
③ 核兵器のキョウイを取り除く。
④ 成績のジュンイが上がる。
⑤ 彼が言うことに対してイロンを唱える。

問2　二重傍線部X～Zの本文中における意味として最も適当なものを、①～⑤の中からそれぞれ一つずつ選び、その番号をマークしなさい。
解答番号はXが 6 、Yが 7 、Zが 8 です。

X　ニヒリズム

① 故郷や失われた過去を懐かしむ思い。
② 不道徳なものに美を見出す態度。
③ 世の中を嫌なものと思う悲観的な考え方。
④ 世界や人間の生を無意味とする態度。
⑤ 現実をありのままに受け入れる態度。

Y　脅かす

① 緊張感を与える。
② おどしておそれさせる。
③ 弱いものを苦しめる。
④ みじめな気持ちにさせる。
⑤ 気づまりにさせる。

日毎日通勤しなければならないのは非人間的ではないか」とか「遺伝子自体を改変する技術はどこまで許されるのか」といった問いが出てきます。そして、自分たち以外の第三者の人間らしさについて考えることは、親しい人たちの人間らしさを考えるのとは違った点も出てきます。

たとえば体外受精に対して、一般論であれば「そんなことをしてまで子どもをつくるべきなのか」と醒《さ》めた見方をする人がいたとしても、自分たち夫婦が子どもに恵まれないケースでは一般論では済まされません。「うちもやろうか、どうしようか」と真剣に考えざるをえないのです。「一般論の世界」の位相【注4】と私とあなた、私と彼・彼女の問題である「自分だけの世界」や「私たちの世界」の位相は全く違った相《そう》貌《ぼう》を見せてくるわけです。

つまり、Ⅰ人間と言っても「自分だけの世界」「私たちの世界」「一般論の世界」の位相があり、それぞれで対応が変わってくるのであり、そのこと自体もとても人間的である、人間らしいことであると言えると思います。

（上田紀行『人間らしさ 文明、宗教、科学から考える』ＫＡＤＯＫＡＷＡ）

【注】 1 凡夫——平凡な男。

2 誤謬——あやまり。

3 スパゲッティ症候群——病気の治療や救命処置のために、たくさんの管などをからだに取りつけられた状態をいう言葉。

4 位相——ある世界や社会などの中で、どういう位置にあるかということ。

問1 二重傍線部a～eと同じ漢字を含むものを、①～⑤の中からそれぞれ一つずつ選び、その番号をマークしなさい。解答番号はaが 1 、bが 2 、cが 3 、dが 4 、eが 5 です。

a ガイトウ

① 英雄がガイセンする。
② 日本史をガイセツする。
③ 住宅ガイを歩く。
④ レストランでガイショクする。
⑤ 社会にガイアクをもたらす。

b トウケイ

① 毎朝、セントウに通う。
② 宝くじにトウセンする。
③ 市長のゾクトウが決まった。
④ 理論と実践をトウイツする。
⑤ 七転バットウの苦しみ。

まとめますと構築主義の考え方からしても人間らしくないとP思わざるをえない世の中とはいったい何なのか、そして、Qその世の中で、何を人間らしさとして主張することがR求められるのか、というSのが本書で考察するT問いになります。

そうしたバックグラウンドとなる視座を理解したうえで、人間らしさの考察に入りたいと思います。考察するために、視点を三つに分けてみたいと思います。

私自身が日常、生きているなかで自分は人間らしさを失っているのではないかと感じている。これはG「自分だけの世界」のことです。

次に、自分の周囲にいる親しい人が人間らしさを失っているのではないかと感じるのは、H「私たちの世界」の話です。

第三に、世間の人たちが人間らしさを失っているのではないかというのが「一般論の世界」。社会のシステム自体が何か人間らしさを失っているのではないかという社会的な捉え方もこの枠組みに入ります。

まず、自分自身が人間らしさを失っているのではないかと考えるのはどういうときでしょうか。

最近やたらに仕事が忙しい。ノルマに追いまくられて、ほっとする間もない。駅のホームでカバンを持って佇《たたず》んでいるとき、「オレってこんな生き方を望んでいたんだろうか」「こんなロボットよりハードな仕事に追われ、［Ⅲ］人間として生きているんだろうか」と考える。その駅でカナダ旅行をPRするポスターを見て「カナダでは雄大な自然のなかで毎日を楽しんでいる人がいるのに、いったいおれは何をやっているんだ」と茫然とする。あるいは、自宅に帰ってテレビをつけ、どこかの行楽地で家族そろってバーベキューをしてワイワイやっているのを見ながら「オレは何をしているんだろう」と焦ったりもする……こういった時に自らの生き方を省みて、人間的にどうなのか、ということを考えます。

次に「私たちの世界」のレベルです。自分の周囲の人たちが人間らしさを失っていると感じるレベルになると、いろいろなバリエーションが出てきます。そこには人生の始まりと終わり、つまり生まれることや死ぬことも視野に入ってきます。

人間の生誕に関して言うならば、たとえば自分の娘が結婚してもなかなか子どもができないときに、どの程度の不妊治療をすべきか、というのは人間らしさをめぐる大きな問いになってきます。

一方、人間の死をめぐっても、自分の父親が脳死寸前の状態になり、延命のために胃ろうや気管カニューレなど多数の管を付けられている【注3】「スパゲッティ症候群」と言われる状態はどうか。その姿を前にして「人間らしい医療とは何なのか」とか「はたして人間としての幸せというのは何なのだろうか」といったことを考えさせられるわけです。

死についても、自分の死を考えるよりも身近な人の死を看《み》取るほうが先の場合が多いでしょう。だから、「私たちの世界」の話になったときに人間の生誕と死、つまり生命倫理と言われる問題がクローズアップされてきます。

「一般論の世界」になると、さらにいろいろなことが見えてきます。たとえば日本の社会の場合「ギュウギュウ詰めの満員電車に乗って毎立っています。男らしさについても、時代や民族によって男らしさの**d**シヒョウが違うことは、すでに先人の文化人類学者の研究によって明らかにされているからです。

しかし、もし文化人類学者や社会学者のようにすべてが構築されていると考えるならば、時に**イ**「人間らしさなど考えても仕方がない」という**X**ニヒリズム的立場に陥ります。「君の主張する人間らしさとぼくの言っている人間らしさは違うわけだから、そんなことを語っても意味がない。一人一人で違うのだから」ということです。

逆に本質があるという立場からすれば**ウ**「私の考えている人間らしさが正しいので、間違った考えを持っているヤツらを成敗しなければいけない」とか「間違った人間らしさ像がはびこっている。ああいうことを言うヤツがいるから世の中が悪くなっている。私の言っている人間らしさを守るべきだ」といった言説にもつながります。**エ**「全く近頃の若者はなっていない。人間としての基本を忘れている」といった言説も、根は同じです。

それでも、**E**私たちが今ここで人間らしさを問うことには、大きな意味があると考えています。

一つには、構築主義の考え方からしても人間らしくないと思わざるをえない世の中になっているような感覚があること、もう一つには、そういった世の中の流れが、世界中でも起こっている民族や宗教の対立を生んでいることです。

特に昨今世界を震撼《しんかん》させているイスラム過激派たちの活動は、自らの社会を**Y**脅かす西洋文明的な価値観に対する**e**イギ申し立ての側面を持っています。二〇一四年四月にナイジェリアにて、三〇〇名近くの女子生徒が、イスラム過激派集団により拉致《らち》されるという事件が起こりました。女学生が自由な信仰を持って西洋的な教育を受けている状況は、拉致を行った過激派たちが理想とする人間観とはかけ離れたものだったからです。つまり、「人間らしさ」の対立が起こした悲劇であるという見方もできるわけです。こういった状況で「人間らしさはそれぞれ」と主張するだけでは、問題解決の糸口は見えてきません。

だからこそ、さまざまな言説が、実は時代や文化のなかで構築されているということを理解しながらも、ニヒリズムに陥ることなく、一人一人が人間とは何かを考えていくということ、そのことが、人間らしい社会を築くための、現代における人間らしさとして求められているのだと思います。

F科学技術に対する過剰な信仰や、敗者を切り捨てる新自由主義的な市場状況や、人間が道具のように扱われている労働環境に対して違和感を持ったとして、**オ**「そもそも人間とはこういうものだからよくない」という理屈で押し切るのでは、イスラム原理主義者たちの主張と変わらない論理になってしまいます。

私が研究している仏教は宗教のなかでは特別で、いわば相対主義を極めた宗教と言えるかもしれません。「あらゆる事物は構築されたものであり、煩悩《ぼんのう》や執着にとらわれてはダメ。それでは物事の本質は見えてきません」と説いているからです。そうして構築されたものであるにもかかわらず、金や権力、愛欲などを本質だと思っている凡夫【注1】の誤謬《ごびゅう》【注2】を糺《ただ》しているのです。

1 次の文章を読んで後の問いに答えなさい。（ただし、設問の都合上、本文の一部に省略があります。）

「人間らしさを問う」というのは、実はとてつもなく難しいことです。

［ A ］

「らしさ」という表現は別に人間に限りません。男らしさ、女らしさ、子どもらしさなどいろいろな言葉に使われます。

たとえば、男らしさについて考えてみましょう。

大学の講義で学生たちに「このなかで自分が男らしいと思う人、手を挙げて」と聞くと、ほとんどの学生が手を挙げません。おそらく、東京・新橋のaガイトウでサラリーマンにマイクを突きつけて聞いても「私は男らしいです」と答える人はそう多くはないでしょう。

つまり、男であるという現実から導き出される理論や法則として男らしさがあるわけではないということです。B男であることから帰納的に男らしさが論じられているわけではない。また、国民全体を対象にbトウケイをとって、そのなかからもっともパーセンテージが多い傾向を男らしさと認定できるわけでもありません。

日本という国のある場所で、ある時代のある文化の中で男らしさが定義されていて、それと照らし合わせながら私たちは男らしさを考えているわけです。だから、多くの男性は「自分は男らしくない」と思っているし、多くの女性は「自分は女らしくない」と思っている。もちろん、誰かのことを「彼は男らしい存在だ」と言うことはできますが

このように考察したうえで、一般的に言われている男らしさについて考えてみると、決断力がある、リーダーシップがある、たくましい、ガタイがいい、筋肉質といったイメージでしょう。一方、女らしさと言うと、おしとやかで、気配りがある、優しい、あまり自己主張せずに他人と合わせていくといったイメージです。

男という性のなかに本質的に男らしさがあるという考え方をC本質主義と言います。つまり、男というものは本質的に〇〇〇である、という考え方です。

これに対して、男らしさというのはその時代のその文化において定義されているのであって、時代や文化を超えた男らしさの本質など存在しないという考え方をD構築主義と呼んでいます。

こうした本質主義と構築主義の闘いは学問の世界にとどまらず、現実の世界でも数多く起こっていることです。

［ Ⅰ ］、さまざまな宗教において、いわゆる原理主義と呼ばれるような立場で活動する人たちは本質主義に立脚していると言ってよいでしょう。彼らはその宗教の教義や、経典に残されているような人間観に立脚し、それ以外の考え方に対しcフカンヨウな態度を取ることが多い。アその宗教が立脚している人間像を絶対的なものとして崇《あが》めているからで、違った立場を認めてしまうと、その宗教を信じている自分自身の存在を、ある種否定してしまうことになってしまうからです。

［ Ⅱ ］、私たち文化人類学者や社会学者などは構築主義の立場に

平成31年度　名城大学附属高等学校　一般入学試験　問題

第２時限　　国　語　（40分）

注　　意

1　この試験は全問マークシート方式です。次の説明文を読み、まちがいのないように記入しなさい。

①　解答用紙にマークをするには、ＨＢまたはＢの黒鉛筆を使用しなさい。

②　監督者の指示で、解答用紙の氏名欄に漢字で名前を書き、フリガナをカタカナでつけなさい。

③　次に、受験番号を記入し、その下の欄に、右の例にならって正確にマークしなさい。

④　「開始」の指示で、解答を始めなさい。

⑤　問題用紙は１ページから16ページまであります。

⑥　問題は１から２まであります。

解答番号は 1 から 33 まであります。解答記入欄をまちがえないように、例にならって正確にマークしなさい。

⑦　訂正するときは、プラスチック製消しゴムでていねいに消し、消しくずをシート上に残さないこと。

⑧　所定の記入欄以外には、何も記入しないこと。

⑨　解答用紙をよごしたり折りまげたりしないこと。

解答用紙がよごれていたり、折り目があったりしたときは、試験の監督者に申し出なさい。

2　問題の内容についての質問には応じません。

印刷の文字が不鮮明なときは、静かに手をあげ、試験の監督者に聞きなさい。

3　答案を書き終わった人は、解答用紙を裏返しにして置きなさい。

4　「終了」の指示で、書くことをやめ、解答用紙と問題用紙を別々にして机の上に置きなさい。

（問題用紙は持ち帰ってください。）

例

氏名欄の記入例

フリガナ	メイジョウ　タロウ
氏　名	名　城　　太　郎

受験番号の記入例
「10310」
の場合⇨

受験番号				
1	0	3	1	0
⓪	●	⓪	⓪	●
●	①	①	●	①
②	②	②	②	②
③	③	●	③	③
	④	④	④	④
	⑤	⑤	⑤	⑤
	⑥	⑥	⑥	⑥
	⑦	⑦	⑦	⑦
	⑧	⑧	⑧	⑧
	⑨	⑨	⑨	⑨

マーク記入の例⇨

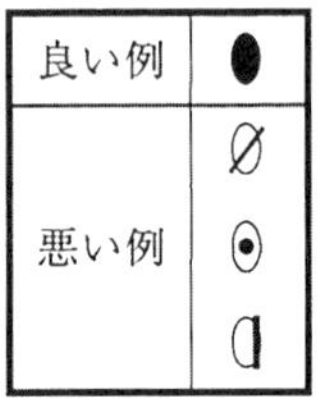

4 2次関数 $y = x^2$ …① と1次関数 $y = x + 1$ …② がある。下の図は，関数①と関数②をグラフで表したものである。また，下の図のように①と②の交点を A，B とおく。ただし，点 A の x 座標は点 B の x 座標より小さいものとする。このとき，次の問いに答えなさい。

(1) 点 A の x 座標は $\dfrac{\boxed{ア} - \sqrt{\boxed{イ}}}{\boxed{ウ}}$ である。

(2) △AOB の面積は $\dfrac{\sqrt{\boxed{エ}}}{\boxed{オ}}$ である。

(3) 点 D を関数①のグラフ上にとる。ただし，点 D の x 座標は，点 A の x 座標よりも大きく，点 B の x 座標よりも小さいものとする。点 D の x 座標を t とおくとき，

△ADB の面積は $-\dfrac{\sqrt{\boxed{カ}}}{\boxed{キ}}\left(t^2 - t - \boxed{ク}\right)$ である。

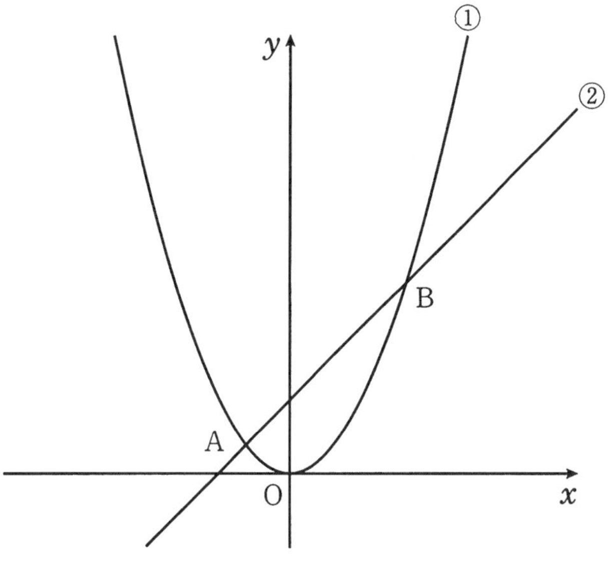

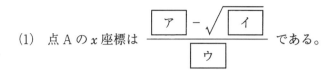

5 袋の中に $\boxed{1}$ ～ $\boxed{8}$ の数字が１つずつ書かれた同じ大きさの８枚のカードが入っている。袋の中からカードを１枚取り出し，そのカードに書かれた数を a とする。次に，取り出したカードをもとに戻し，もう一度袋の中からカードを１枚取り出す。そのカードに書かれた数を b とする。４点 O$(0,0)$，A$(0,4)$，P(a,b)，Q(b,a) とし，１目盛りの大きさを１cm とする。このとき，次の問いに答えなさい。

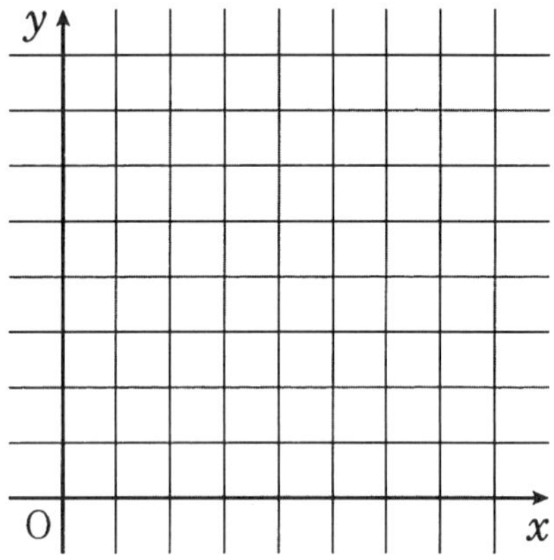

(1)　点Ｐが直線 $y = x$ 上にある確率は $\dfrac{\boxed{ア}}{\boxed{イ}}$ である。

(2)　△OAP の面積が 10cm^2 となる確率は $\dfrac{\boxed{ウ}}{\boxed{エ}}$ である。

(3)　点Ｐと点Ｑの距離が $2\sqrt{2}$ cm となる確率は

$\dfrac{\boxed{オ}}{\boxed{カ}\boxed{キ}}$ である。

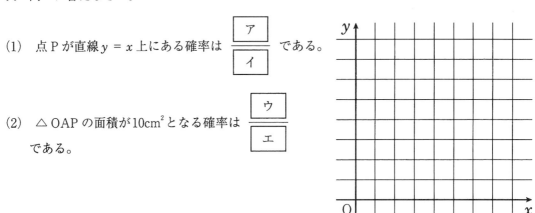

6 西暦2019年２月７日に年齢を当てるクイズを次の手順で実施しました。

〈手順〉

Ⅰ　１～９までの好きな数字を１つ選んでください。

Ⅱ　選んだ数字を４倍してください。

Ⅲ　手順Ⅱで得られた数字に80を足し，100倍して４で割ってください。

Ⅳ　西暦2019年２月７日の時点で誕生日を迎えていれば，手順Ⅲで得られた数字に19を足し，迎えていなければ，18を足してください。

Ⅴ　手順Ⅳで得られた計算結果から生まれた年（西暦）を引いてください。

※ただし，クイズの対象者は，（ⅰ）計算ミスをしない（ⅱ）０～99才とします。

このクイズについて，ＡさんとＢさんが会話をしています。会話文を読んで，次の問いに答えなさい。ただし，Ｂさんは，西暦1999年１月11日生まれであり，手順Ⅰにおいて好きな数字は“３”を選んだとします。

Aさん：計算結果はいくつになりましたか？

Bさん：［X］です。

Aさん：Ｂさんは，20才ですね。

Bさん：正解です。Ａさんは魔法使いですか？なぜこの計算で年齢がわかるのですか？

Aさん：魔法使いのはずはないですよね…。ちょっとだけ数学を使っただけです。

Bさん：どういうことですか？

Aさん：このクイズで最初に選んだ数字をxとすれば，手順Ⅳまでの計算は，［Y］と表現できます。その後，手順Ⅴの計算をすれば，すぐに年齢がわかります。

Bさん：まだよくわかりません。

Aさん：［Z］

Bさん：やっとわかりました。数学ってすごいですね。こんなことなら私も高校時代にもっと数学を勉強すればよかったです。

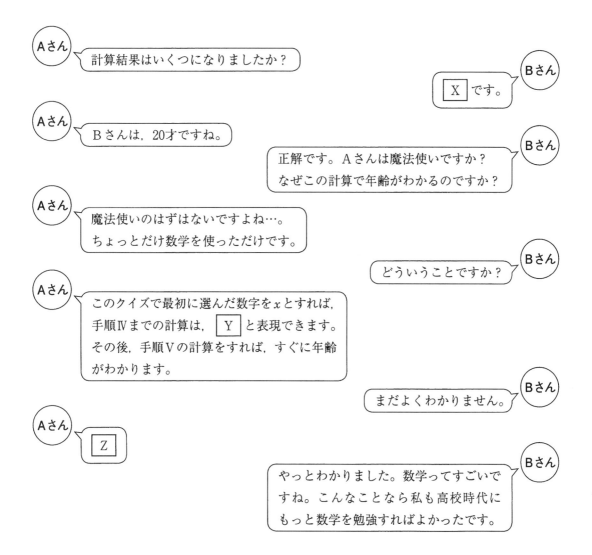

(1) X にあてはまる数字は アイウ である。

(2) Y と Z にあてはまる文章の組み合わせとして適切なものを下の【選択肢】①～⑨の中から，最も適当なものを選び， エ にマークしなさい。

〔 Y 〕

a　$100x-2019$ または，$100x-2018$

b　$25x+2019$ または，$25x+2018$

c　$100x+2019$ または，$100x+2018$

〔 Z 〕

d　xの値にかかわらず，手順Ⅳの計算結果は2319または，2318になります。すなわち，手順Ⅴの計算結果から300を引くことにより年齢がわかります。

e　xの値は，手順Ⅳの計算結果の下２桁に影響を与えません。すなわち，手順Ⅳの計算結果の下２桁はxの値にかかわらず，19または18になるため，手順Ⅴの計算結果の下２桁を確認することにより年齢がわかります。

f　xの値は，手順Ⅳの計算結果の百の位と十の位に影響を与えます。すなわち，xの値にかかわらず，手順Ⅴの計算結果から25の倍数を引くことにより年齢がわかります。

【選択肢】

	Y	Z
①	a	d
②	a	e
③	a	f
④	b	d
⑤	b	e
⑥	b	f
⑦	c	d
⑧	c	e
⑨	c	f